Vorwort zum Nachdruck

Was der Autor des vorliegenden Reprints bereits im Jahr 1934 über den Weg des Holzes vom Baum zum Kantholz oder zum Brett schreibt, ist heute noch uneingeschränkt gültig. Angesichts des technischen Fortschritts und der daraus resultierenden industrialisierten Holzernte und Holzbe- und -verarbeitung sind die Forderungen des Autors an alle die, die in irgendeiner Weise mit Aufzucht, Pflege, Ernte, Transport, Lagerung, Sägen und Verarbeiten von Holz zu tun haben, sogar aktueller denn je.

Schon 1934 erkannte der Autor, daß eine „Verdrängung des Holzes aus vielen bisherigen Anwendungsgebieten" stattfand. Mit seinem Werk „Holzfehler" versucht er dieser Verdrängung entgegenzuwirken, indem er ein ganzheitliches Bild vom nachwachsenden Rohstoff und für viele Aufgaben idealen Bau- und Werkstoff Holz zeichnet. Er vermittelt mit großer Sachkenntnis, daß jede Eigenschaft des Holzes, die einem Anwender unerwünscht ist („Holzfehler"), differenziert betrachtet werden muß, weil vielleicht ein anderer Anwender gerade diese Eigenschaft besonders schätzt. So ist beispielsweise ein Holz mit großen Astansammlungen für den Zimmerer oft ungeeignet, weil die Äste die Tragfähigkeit vermindern. Ein Schreiner dagegen wählt für ein massives Möbelstück häufig bewußt astiges Holz, um eine interessante Oberfläche zu erzielen.

Solche (und alle anderen) Eigenschaften des Bau- und Werkstoffes Holz sind keineswegs dem Zufall unterworfen, sondern können durch sorgfältige Holzauswahl gezielt beeinflußt werden. In Hermann Knuchels Buch werden diese Eigenschaften nicht nur beschrieben, sondern auch ihre Ursachen dargestellt und Hinweise zur Vermeidung gegeben.

Knuchel unterteilt die Ursachen für „Holzfehler" in fünf Komplexe:

- Stammform
- anatomischer Bau
- klimatische Einflüsse
- Holzernte, Lagerung und Transport
- Beschädigungen durch Tiere und Pflanzen

Die Einflüsse der ersten drei Ursachenkomplexe auf die Holzqualität sind heute zwar weitgehend bekannt. Sie werden aber hier in einer besonders umfassenden Darstellung erläutert, aus der der Leser konkrete Rückschlüsse ziehen kann. Darüber hinaus wartet der Autor bei den letzten beiden Ursachenkomplexen mit Einflußparametern auf, die heute kaum mehr Beachtung finden. Einige davon seien hier exemplarisch genannt:

- Schäden beim Fällen des Baumes treten nicht nur beim zu fällenden, sondern unter Umständen auch bei den benachbarten verbleibenden Bäumen auf. Hierfür werden Lösungsmöglichkeiten beispielsweise in Form von Schutz vorrichtungen aufgezeigt.
- Ein in heutiger Zeit meist nicht präsenter Aspekt der Winterfällung ist – neben der Saftruhe des Baumes –, daß das Holzrücken bei Schnee wesentlich einfacher und mit weniger Beschädigungen der Bäume vonstatten geht.

– Mit seinen Aussagen zum Holzrücken per Pferd und zum Kahlschlag kann dieses 1934 geschriebene Buch zur aktuellen Diskussionen beitragen.
– Knuchel geht sogar so weit, daß er den Spaziergängern im Wald vermitteln will, das sie sich in einem Rohstoffreservoir befinden und die Bäume nicht durch Schnitzereien oder unachtsame Gewalteinwirkung beschädigen sollten.

Die ganzheitliche Betrachtungsweise, die heute als Ergebnis aufwendiger Forschungsvorhaben und Studien eine Renaissance erlebt, war 1934 – zumindest beim Autor des Buches – schon vorhanden. Besonders für das Bauen im Bestand wird die Notwendigkeit einer solchen ganzheitlichen Betrachtung in jüngster Zeit mehr und mehr erkannt. Allenthalben wird mehr Zusammenwirken zwischen Forstleuten, Sägewerken, Holzhändlern und verarbeitendem Gewerbe gefordert, um differenziertere Qualitätsparameter, insbesondere für Hölzer, die für Reparaturzwecke an historischen Holzbauwerken eingesetzt werden, zu erreichen.

Knuchel hat sein Werk mit dem Begriff „Holzfehler" betitelt. Letzten Endes sind aber alle Eigenschaften, die wir als „Fehler" bezeichnen, Reaktionen des lebenden Baumes auf äußere Einflüsse wie Wuchsbedingungen, Umfeld, Klima und Mensch. Insofern liegt der Fehler nicht beim Holz, sondern beim Menschen, der das Holz, das er verarbeiten will, nicht sorgfältig genug aussucht. Daher könnte man den Begriff „Holzfehler" durch „Wuchseigenschaften" ersetzen.

Durch seine große fachliche Breite und seine ganzheitliche Betrachtungsweise ist das vorliegende Buch für alle an der Holzgewinnung und -verarbeitung beteiligten Fachkräfte hervorragend geeignet, das vorhandene Wissen um benachbarte Felder zu erweitern und den Dialog untereinander zu vereinfachen.

Manfred Gerner/Uli Thümmler
Fortbildungszentrum für Handwerk und Denkmalpflege
Probstei Johannesberg, Fulda e.V.

HERMANN KNUCHEL

HOLZFEHLER

HOLZ FEHLER

VON

HERMANN KNUCHEL

Professor an der Abteilung
zur Forstwirtschaft
der Eidgenössischen
Technischen Hochschule
in Zürich

1 9 3 4

EDITION libri rari

Verlag Th. Schäfer
Hannover

»HOLZFEHLER« DARGESTELLT IM AUFTRAGE DER »LIGNUM«, SCHWEIZERISCHE ARBEITSGEMEINSCHAFT FÜR DAS HOLZ

Erstmalig herausgekommen 1934

in Bern bei der Buchdruckerei Büchler & Co.

Reprintausgabe nach dem Original aus dem Bestand

der Universitätsbibliothek in Hannover

(Signatur d 4725)

Begleittext von Manfred Gerner und Uli Thümmler, Fulda

ISBN 3-88746-332-3

Best.-Nr. 1112

Gesamtherstellung

Th. Schäfer Druckerei GmbH, Hannover

Inhalt

Vorwort

Am 25. Februar 1931 wurde in Zürich die LIGNUM, Schweizerische Arbeitsgemeinschaft für das Holz gegründet, welche die an der Erzeugung, Verarbeitung und der wissenschaftlichen und praktischen Erforschung des Holzes interessierten Kreise vereinigt. Die LIGNUM will der zunehmenden Verdrängung des Holzes aus vielen bisherigen Anwendungsgebieten und der Verwendung anderer, zum Teil landesfremder, Bau- und Werkstoffe da entgegentreten, wo das Holz gleiche Berücksichtigung verdient, oder andern Stoffen sogar überlegen ist. Sie sucht ihr Ziel zu erreichen durch Verbesserungen in der Holzerzeugung, durch Förderung der Technik in der Holzverwendung und durch Erschliessung neuer Anwendungsgebiete.

Man kann sich fragen, ob eine solche Werbetätigkeit heute noch einen Sinn habe, können wir doch auf Schritt und Tritt beobachten, wie andere, besser geeignete, oder leichter in grosser Menge und gleichmässiger Beschaffenheit lieferbare Stoffe anstelle des Holzes vordringen. Es sei nur an die Verdrängung der Holzschwelle durch die Eisenschwelle im Bahnbau, des Holzgerippes durch das Metallgerippe im Wagen- und Flugzeugbau, des Parkett- und Riemenbodens durch Linoleum und Gummibeläge im Hausbau erinnert. Diese Entwicklung wurde stark gefördert durch die führenden Architekten der Nachkriegszeit, die sich von den « Stil »-Ueberlieferungen der 1890er Jahre mit ihren Symmetrieverirrungen, Gips- und Zinkornamenten frei machten und anfingen Häuser zu bauen, wie sie die heutige Lebensart erfordert. Sie fanden dabei im Beton, Stahl und Glas die Baustoffe, die ihrem Gestaltungstrieb am besten zu entsprechen schienen, während sie auf die Verwendung von Holz bewusst vollkommen verzichteten.

Mit dem Holz hatte man ja in der Tat in den letzten Jahrzehnten recht schlechte Erfahrungen gemacht. Seiner Verwendung standen und stehen übrigens heute noch neben mancherlei Vorurteilen bau- und feuerpolizeiliche Vorschriften hindernd im Wege. Nur sehr mühsam gelingt es da und dort, diese Vorschriften zu durchbrechen, obwohl sich deren Abbau aufzudrängen scheint, einerseits weil die offenen Herdfeuer, die Petroleum- und Gaslampen beinahe ganz verschwunden sind, anderseits weil in der Holzbautechnik und im Feuerschutz in den letzten Jahren grosse Fortschritte erzielt wurden.

Fast zur gleichen Zeit, in der die Architekten sich dem Beton, Glas und Eisen zuwandten, haben andere Baumeister, die Bauingenieure, längst bekannte, aber beinahe in Vergessenheit geratene vorzügliche Eigenschaften des Baustoffes Holz sozusagen neu entdeckt und begonnen, riesige Masten, Hallen von nie dagewesener Grösse, Schönheit und Zweckmässigkeit ganz aus Holz zu erstellen. Auch beim Bau von Häusern gingen sie bald dazu über, an Stelle von Stahlskeletten Holzskelette zu verwenden. Allmählich erkannte man, dass sich das Holz ganz ausgezeichnet auch zum Bau von Wohnhäusern eignet, die neben allen Vorzügen der modernen Wohnung die Annehmlichkeiten des alten Holzhauses aufweisen, und dass das Holz gegenüber andern Baustoffen namentlich dann den Vorzug verdient, wenn man nicht nur die Erstellungs-, sondern auch die Unterhaltungskosten mehr als bisher berücksichtigt.

Manches ungerechte Urteil über das Holz wird übrigens verstummen, wenn die uralten Regeln wieder mehr beachtet werden, die bei der Verwendung dieses Baustoffes unbedingt berücksichtigt werden müssen. Aber das genügt nicht. Die Anforderungen, die heute an die Qualität der Hölzer gestellt werden, sind infolge des Wettbewerbes mit andern Baustoffen grösser als früher. Es muss daher der *Erziehung* und *Behandlung* des Holzes zukünftig mehr Aufmerksamkeit geschenkt werden als bisher. Die Unterschätzung des Einflusses der Qualität durch die Forstwirtschaft hat offenbar viel zur Verdrängung des Holzes als Baustoff beigetragen und bildet auch heute noch ein grosses Hindernis in seiner Verwendung. Es lässt sich nicht bestreiten, dass die Forstwirtschaft der letzten Jahrzehnte zu sehr nur auf die Erzeugung grosser Massen und zu wenig auf die Erzeugung bester Qualität gerichtet war. Leicht war zum Beispiel der Forstmann geneigt anzunehmen, dass ein Schaden an einem stehenden Stamm durch Ueberwallung beseitigt werden kann, während tatsächlich die Ueberwallung den Schaden nur verdeckt.

Die LIGNUM hat sich von Anfang an die Aufgabe gestellt, die Verwendung von Holz durch Verbesserung seiner Qualität zu fördern und die Verluste zu vermindern, die infolge der Benützung fehlerhafter Hölzer bisher entstanden sind. Wenn sie ihre, durch einen Holzhauswettbewerb und durch die Herausgabe einer Broschüre « Das Holz als Baustoff » begonnene Werbetätigkeit nun mit einer Aufklärung der Waldbesitzer und Forstleute über die Fehler des Holzes und über die Ansprüche, die heute an die Holzqualität gestellt werden müssen, fortsetzt, so hofft sie damit zu erreichen, dass das Holz zukünftig in zuverlässigerer Beschaffenheit auf den Markt gelangt, als dies bisher der Fall war.

Die vorliegende Schrift enthält neben der Beschreibung der wichtigsten Fehler auch Winke, deren Berücksichtigung die Erzeugung fehlerfreien Holzes fördern kann. Aber es war nicht die Absicht des Verfassers, in dieser Hinsicht Rezepte zu geben, sondern es lag ihm in erster Linie daran, alle Organe des Forstdienstes bis hinunter zum letzten Waldarbeiter anzuhalten, der Erzeugung bester Holzqualität zukünftig noch viel mehr Aufmerksamkeit zu schenken als bisher. Jeder soll an seinem Platze dazu beitragen, dem Holze für eine lange Zukunft gute Absatzmöglichkeiten zu sichern.

Ein grosser Teil der Abbildungen dieser Schrift stammt aus der Sammlung fehlerhafter Hölzer, die Herr Direktor *E. Stalder* in Zofingen für die Berner Ausstellung vom Jahre 1925 zusammengestellt, der schweizerischen Forstschule geschenkt und seither in mancher Richtung ergänzt und erweitert hat. Die photographischen Aufnahmen dazu besorgten die Herren Oberförster *Oppliger* in Glarus, ehemaliger Assistent der Abteilung für Forstwirtschaft, und Professor Dr. *Rüst,* Vorstand des photographischen Laboratoriums der E. T. H.

Die übrigen Abbildungen wurden von Kollegen aus der Praxis und vom Verfasser selbst geliefert.

Herrn Direktor *Stalder,* sowie auch Herrn Professor *Jenny-Dürst* von der Abteilung für Architektur der Eidgenössischen Technischen Hochschule, Herrn Zimmermeister *Seger* von der Baufirma Locher & Co. in Zürich, sowie zahlreichen andern Holzindustriellen und Forstleuten danke ich für manche wertvolle Anregung und Auskunft.

Schliesslich bleibt mir noch übrig, dem Ausschuss der LIGNUM, dem Eidgenössischen Oberforstinspektorate, und zwar in erster Linie Herrn Oberforstinspektor *Petitmermet* in Bern, sowie dem *Ständigen Komitee des Schweizerischen Forstvereins* zu danken für die Beschaffung der Mittel zum Druck dieser Schrift.

Zürich, im März 1934.

Der Verfasser.

Literatur

Hartig, R., Lehrbuch der Baumkrankheiten, 2. A., Berlin 1889.

Gayer-Fabricius, Die Forstbenutzung, 11. A., Berlin 1919.

Exner-Janka, Die technischen Eigenschaften der Hölzer, Handbuch der Forstwissenschaft, 4. A., II. Bd., Tübingen 1925.

Troschel, E., Handbuch der Holzkonservierung, Berlin 1926.

Lang, G., Das Holz als Baustoff, 1. A., Wiesbaden 1915.

Büsgen-Münch, Bau und Leben unserer Waldbäume, Jena 1927.

Busse, J., Forstlexikon, 3. A., Berlin 1930.

Garratt, G. A., The Mechanical Properties of Wood, New York 1931.

Normen über Holzbauten des Schweiz. Ingenieur- und Architekten-Vereins S. I. A. Nr. 111, Zürich, 1926.

Vom Holz als Baustoff, zusammengestellt durch die « Lignum », schweizerische Arbeitsgemeinschaft für das Holz. Beiheft Nr. 10 zu den « Zeitschriften des Schweizerischen Forstvereins », Bern, Buchdruckerei Büchler & Co., 1932.

Weitere Literaturangaben sind bei den einzelnen Abschnitten zu finden.

Einleitung

Als Holzfehler bezeichnen wir alle Abweichungen von der normalen Beschaffenheit des Holzes, durch die der Gebrauchswert vermindert wird. Fast kein Holzstück von grösseren Abmessungen ist vollkommen fehlerfrei.

Bei den althergebrachten Zimmermannskonstruktionen berücksichtigt man diesen Umstand durch die Wahl genügend grosser Querschnitte. Aber bei feinern Arbeiten und neuzeitlichen Spezialkonstruktionen werden sehr hohe Ansprüche an die Qualität des Holzes gestellt, und deshalb fällt hier immer ein grosser Teil des Rohstoffes in den Verschnitt, der nur zu untergeordneten Zwecken verwendet werden kann oder als Abfall verfeuert wird.

Die Anforderungen an die Holzbeschaffenheit sind überhaupt in den verschiedenen Zweigen des Holzgewerbes nicht die gleichen. Eine Eigenschaft, die dem einen Verbraucher wertvoll ist, kann dem andern als Fehler erscheinen. So ist beispielsweise gute Spaltbarkeit eine notwendige Voraussetzung für die Verwendung des Holzes zu Spaltwaren, während sie vom Tischler als lästig empfunden wird. Baumschäfte mit bestimmten Krümmungen sind unter Umständen für den Wagner und Schiffbauer wertvoll, während andere Gewerbetreibende damit nichts anfangen können. Stark astiges oder mit Harzgallen, Farbfehlern und Insektengängen behaftetes Holz scheidet für viele Verwendungszwecke aus, eignet sich aber noch gut für die Herstellung von Kisten und Harrassen. Ersticktes oder angefaultes Holz ist brüchig und fleckig, wird aber gerne vom Schreiner als Blindholz verwendet, weil es nicht mehr « arbeitet ».

Im Verhältnis zur Nachfrage nach gesundem, geradfaserigem Holz, das weder Ueberwallungen, noch Löcher, Flecken oder Streifen aufweist, ist jedoch die Nachfrage nach Hölzern mit abweichenden Eigenschaften verschwindend gering und deshalb bezeichnen wir alle diese Abweichungen als Fehler. Wir können dabei folgende Gruppen bilden :

I. Fehler in der Stammform;
II. Fehler im anatomischen Bau des Holzes;
III. Fehler im Holzgefüge als Folge klimatischer Einflüsse;
IV. Holzfehler als Folge von Fehlern bei der Erziehung, Gewinnung, Lagerung und dem Transport des Holzes;
V. Holzfehler als Folge von Beschädigungen durch Pflanzen und Tiere.

I. Fehler in der Stammform

Als solche bezeichnen wir alle Abweichungen vom geraden, mehr oder weniger zylindrischen, geradfaserigen Bau der Stämme, wie Krummschäftigkeit, Gabelwuchs, Abholzigkeit, exzentrischer Wuchs und Spannrückigkeit.

1. Krummschäftigkeit

Diese kann eine erbliche Rasseneigenschaft sein oder durch äussere Einflüsse entstehen, besonders durch Standortseinflüsse, wie schlechter Boden, Bodenbewegung, Schneedruck, Wind. Pflanzt man junge Föhren, Lärchen oder Buchen, die aus Samen von krummen Beständen gezogen worden sind, neben Nachkommen von geradschäftigen Bäumen, so kann man beobachten, dass beide Gruppen die Eigenschaften der Mutterbäume beibehalten. Es können ferner gute Rassen schlechte Formen annehmen, wenn sie auf ihnen nicht zusagenden Standorten gepflanzt werden. Auf schlechten Böden neigen die meisten Holzarten zur Krummschäftigkeit. In Unkenntnis oder Missachtung dieser Tatsachen hat man in der Forstwirtschaft der Herkunft des Samens lange Zeit nicht genügend Aufmerksamkeit geschenkt, so dass in unsern Wäldern heute viele junge und mittelalte Bestände mit schlechten Stammformen vorkommen. Auf Seite 12 und 13 sind Buchen- und Föhrenbestände abgebildet, die den Einfluss der Herkunft des Samens deutlich erkennen lassen. [1]

Krummschäftigkeit kann in verschiedenen Formen auftreten : als *Säbelwuchs, Schraubenwuchs, Wellenwuchs* oder als *ganz unregelmässiger Wuchs.* Der Nutzwert des Holzes wird durch die Krummschäftigkeit um so mehr beeinträchtigt, je kleiner die Krümmungsradien sind und je näher beieinander die verschiedenen Krümmungen liegen. Man nennt Stämme mit gerader Achse *zweischnürig,* einseitig gekrümmte, bei denen man nur in einer Richtung einen ebenen Längsschnitt durch den Stamm führen kann, *einschnürig,* während solche, die man in keiner Richtung durch ebene Längsschnitte zerlegen kann, *unschnürig* heissen. Fichten- und Tannenstämme sind in der Regel zweischnürig, Laubhölzer und Lärchen am Hang, letztere Holzart in zügigen Lagen auch auf ebenem Boden häufig säbelförmig ge-

[1] Vgl. Dr. *F. Fankhauser :* Ueber die Vererbung der Standortsansprüche und der Wuchsformen unserer Waldbäume. « Schweizerische Zeitschrift für Forstwesen », 1930, S. 241—253. — Ferner : *Arnold Engler :* Einfluss der Provenienz des Samens auf die Eigenschaften der forstlichen Holzgewächse. Mitteilungen der Schweiz. Centralanstalt für das fortsliche Versuchswesen, VIII. Bd, 1905, X. Bd., 1913.

krümmt und daher einschnürig. Manche Rassen der Föhre, Lärche und der Laubhölzer sind ausgesprochen krummschäftig.

Die Krummschäftigkeit kann vom Forstmann wirksam bekämpft werden, und zwar in erster Linie durch Vermeidung des Anbaus krummschäftiger Rassen und von Holzarten und Rassen, die sich für den betreffenden Standort nicht eignen. Ferner kann er die Bestände allmählich verbessern, indem er alle Stämme, die Neigung zu Krümmungen aufweisen, von der ersten Säuberung an entfernt und fortwährend die geradschäftigen wertvollen Bäume begünstigt. Den ungünstigen Einflüssen des Windes, der Schnee- und Reifanlagerung, sowie einer starken Bodenneigung wird am wirksamsten durch Erziehung gemischter, ungleichalteriger Bestände begegnet.

2. Gabelwuchs

Gabelige Buchen, aus schlecht gepflegten Jungwüchsen hervorgegangen.

Gabelwuchs entsteht, wenn sich statt eines einzigen Stammes mit schwachen Aesten deren zwei oder mehrere ausbilden, die selten Nutz-

Phot. Dr. F. Fankhauser.

45—50jährige gepflanzte Kiefern aus Darmstädter Samen in der Abteilung « sur Vialong » des bernischen Staatswaldes Frénois bei Bassecourt.

Phot. Dr. F. Fankhauser.

Angehend haubare natürlich angeflogene Kiefern in der Abteilung « sur Vialong » des bernischen Staatswaldes Frénois bei Bassecourt.

Phot. Dr. F. Fankhauser.

Zirka 50jähriger Buchenpflanzbestand im untern Berg der Schlosswaldungen zu Wildegg, begründet mit Wildlingen aus schönen Beständen am nämlichen Hang.

Phot. Dr. F. Fankhauser.

Zirka 40jähriger Buchenpflanzbestand im freiburgischen Staatswald La Combert, Gemeindegebiet Treyvaux, aus vom Handel gelieferten Samen hervorgegangen.

holzstärke erreichen. Die Vergabelung kann nahe am Boden erfolgen (Doppelstamm-Zwiesel, Drilling usw.), oder in grösserer Höhe (Gabel), bei der Buche oft mehrmals hintereinander. Vergabelungen entstehen in Laubholzbeständen bei lückigem Stand, scheinen aber auch bestimmten Rassen eigentümlich zu sein. Bei Holzarten mit gegenständigen Knospen entstehen Vergabelungen, wenn die Gipfelknospe beschädigt wird (z. B. durch Frost bei Eschen).

Der Nutzwert des Holzes wird durch die Vergabelung stark beeinträchtigt, wenn sie unter zehn Meter Höhe eintritt. Gabelstämme sind auch deshalb lästige Bestandeselemente, weil sie beim Fallen leicht hängen bleiben oder andere fallende Bäume auffangen. Dadurch wird die Unfallgefahr erhöht, und es entstehen bedeutende Zeitverluste beim Rüsten.

Gabelige Bäume reissen leicht auf, so dass Wasser in das Stamminnere dringen kann und Fäulnis entsteht, ferner bilden sich in den Gabeln oft sogenannte Wassertöpfe, die ebenfalls leicht zu Fäulnis führen.

3. Abholzigkeit

Freistehende Bäume und Bäume an Bestandesrändern bleiben in der Regel tief beastet. Die untern Aeste werden mit der Zeit sehr stark, die Stämme nehmen eine mehr oder weniger kegelige Gestalt an. Sie sind *abholzig,* im Gegensatz zu den *vollholzigen* Stämmen mit hoch angesetzter Krone im Innern der Bestände.

Der Grad der Vollholzigkeit bedingt namentlich beim Nadelholz in hohem Masse den Wert der Stämme. Abholzige Stangen und Stecken sind wenig begehrt, bei abholzigen Bau- und Saghölzern fällt ein erheblicher Teil des Stamminhaltes in die Schwarten. Solche Stämme sind auch weniger fest als vollholzige, weil beim Zurüsten viele Fasern zerschnitten werden. Der Wert des Langholzes steigt bei gleicher Länge im geraden Verhältnis zum Zopfdurchmesser. Stark abholzige Stämme sind fast nur als Brennholz zu gebrauchen.[1]

---

[1] Nach der neuen Schweizersortierung, die sich stark an die in Süddeutschland übliche Heilbronnersortierung anlehnt, werden beim Nadel-Langholz folgende Klassen gebildet:

I.	Klasse	mindestens	18	m	lang;	bei 18	m	mindestens	30 cm	Durchmesser.
II.	»	»	18	»	»	» 18	»	»	22 »	»
III.	»	»	16	»	»	» 16	»	»	17 »	»
IV.	»	»	14	»	»	» 14	»	»	14 »	»
V.	»	»	10	»	»	» 10	»	»	12 »	»

Wo kein Bedürfnis nach so weitgehender Sortierung besteht, ist durch Zusammenfassung der Klassen folgende vereinfachte Sortierung in die drei Sortimentsklassen I./II. (Sagholz), III. (Starkbauholz) und IV./V. (leichtes Bau- und Sperrholz) anzuwenden:

Auf Weiden und an der obern Waldgrenze, wo keine geschlossenen Bestände erzogen werden können, kann die Schaftform durch die Begünstigung einer gruppen- und horstweisen Verteilung der Bäume allmählich verbessert werden. In Gruppen stehende Bäume sind weniger abholzig als einzelstehende und liefern auf der innern Seite des Stammquerschnittes fast vollkommen astreines und sehr feines, hochwertiges Holz. Auf Weiden ist eine gruppenweise Verteilung der Bäume um so mehr angezeigt, als bei einer solchen Bestockung zusammenhängende Grasflächen entstehen, auf denen ein wertvolleres Futter wächst als unter tief beasteten Bäumen.

Weitere Bemerkungen über die Erziehung vollholziger Stämme sind im Abschnitt « Astigkeit » zu finden.

4. Weitere Unvollkommenheiten in der Stammform

Als solche sind zu nennen der sehr verbreitete *exzentrische Wuchs* (Markröhre liegt nicht in der Mitte des Stammes), ferner die *Spannrückigkeit* (Umfang des Stammes wellig) und der *Drehwuchs* (Fasern verlaufen spiralig um die Stammachse). Diese Fehler machen sich bei der Verarbeitung des Holzes sehr stark bemerkbar. Sie beruhen auf Besonderheiten des anatomischen Baues und werden daher im folgenden Abschnitt behandelt.

II. Fehler im anatomischen Bau des Holzes

Als Fehler im anatomischen Bau des Holzes bezeichnen wir hier alle Abweichungen von der normalen Struktur, sowie auch Struktureigenschaften, die zwar mehr oder weniger normal sind, aber die Verwendbarkeit des Holzes beeinträchtigen. Diese Fehler beruhen entweder auf erblichen Eigenschaften der Bäume oder sie sind auf Einflüsse des Standortes, auf Stammverletzungen und auf Fehler bei der Pflege und Erziehung der Bestände zurückzuführen.

I./II.	Klasse	mindestens	18 m	lang;	bei 18 m	mindestens	22 cm	Durchmesser
III.	»	»	16 »	»	» 16 »	»	17 »	»
IV./V.	»	»	10 »	»	» 10 »	»	12 »	»

Wird, was meistens der Fall ist, Langholz auf grössere Längen als die vorgenannten Minimallängen ausgehalten, so soll in der Regel nicht unter folgende Zopfdurchmesser gegangen werden :

I. Klasse	22 cm		I./II. Klasse	20 cm
II. »	17 »			
III. »	14 »		III. »	14 »
IV. »	12 »			
V. »	8 »		IV./V. »	10 »

Hierher gehören in erster Linie die unregelmässigen Jahrringbildungen, die anormale Verteilung von Früh- und Spätholz und der anormale Faserverlauf in der Längsrichtung des Stammes, ferner der sogenannte Buchs, Falschkernbildungen und andere Fehler.

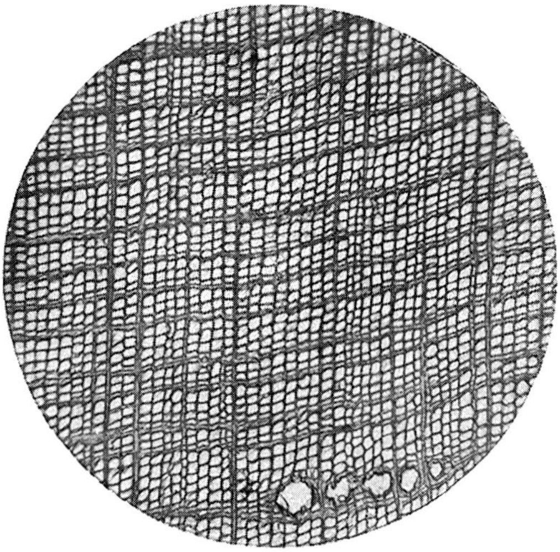

Fichtenholz mit sehr engen Jahrringen von einem an der obern Waldgrenze am Mont Rubli (Waadtländeralpen) erwachsenen Stamm. 40fache Vergrösserung, 3—6 Zellschichten pro Jahr.

Phot. Institut für Pflanzenphysiologie, E. T. H.

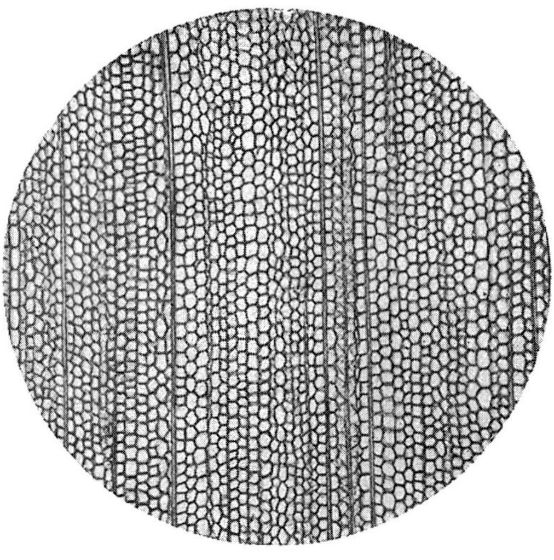

Fichtenholz mit sehr breiten Jahrringen von einem im Grossen Moos bei Murten erwachsenen Stamm. 40fache Vergrösserung. Die Aufnahme eines ganzen Jahrringes würde bei dieser Vergrösserung ein Bild von 68 cm Breite ergeben. Etwa 500 Zellschichten pro Jahr.

Phot. Institut für Pflanzenphysiologie, E. T. H.

Wie verschieden auch die Anforderungen sein mögen, die von den einzelnen Gewerben an die Eigenschaften der Hölzer gestellt werden, so wird doch für die meisten Zwecke Holz mit regelmässigem Jahrringbau solchem mit unregelmässigem vorgezogen. Zum regelmässigen Bau gehört in erster Linie, dass die Jahrringe annähernd kreisrund und ungefähr gleich breit sind, dass das Mark in der Mitte ist und dass im Querschnitt keine plötzlichen Uebergänge von schmalen zu breiten oder von breiten zu schmalen Jahrringen vorkommen. Der Anteil von Früh- und Spätholz soll in allen Jahrringen und auf allen Seiten annähernd gleich sein. Die unregelmässigen Jahrringbildungen bei den Astansätzen und an Ueberwallungsstellen von Aststummeln und Wunden sind ebenfalls als Fehler zu bezeichnen, obwohl diese Erscheinungen durchaus normal sind und an fast jedem Baume vorkommen.

Holz mit regelmässigen Jahrringen und geraden Fasern ist leichter zu bearbeiten, es verzieht sich weniger und namentlich auch gleichmässiger als solches mit anormalem Bau. Die Art und Grösse der Schwindung hängt überhaupt sehr von der Struktur des Holzes ab.

1. Unregelmässiger Jahrringbau

Die *absolute Breite der Jahrringe* ist an und für sich verhältnismässig belanglos. Zwar wird für viele Zwecke engringiges Holz vor-

Lärchenholzwürfel von einem rasch gewachsenen Baum aus Tieflage. Die Jahrringe haben verhältnismässig viel Früh und wenig Spätholz. Niedriges Raumgewicht, geringe Festigkeit, geringe Schwindung.

gezogen oder in Lieferungsbedingungen sogar vorgeschrieben, weil es in der Regel feiner und schöner ist als breitringiges. Es kann aber auch Holz mit sehr breiten Jahrringen vorzügliche technische Eigenschaften besitzen. Laubholz mit breiten Jahrringen ist z. B. fester und elastischer als solches mit schmalen und wird daher überall da vorgezogen, wo starke Beanspruchungen vorkommen.

Im allgemeinen haben beim *Nadelholz* breite Jahrringe verhältnismässig mehr Früh- und weniger Spätholz, beim *Laubholz* aber haben breite Jahrringe verhältnismässig mehr Spät- und weniger Frühholz als schmale. Es kommen aber viele Abweichungen von dieser Regel vor. So findet man bei Fichten aus hohen Lagen in den sehr engen

Eichenholz von einem rasch gewachsenen Baum aus Tieflage. Die breiten Jahrringe haben verhältnismässig viel Spät- und wenig Frühholz. Hohes Raumgewicht, hohe Festigkeit, gutes Konstruktions- aber kein gutes Möbelholz.

Jahrringen oft überhaupt keine Spätholzzellen, und ferner kann breitringiges Laubholz gelegentlich sehr locker gebaut sein.

Ein verbreiteter Fehler ist der *exzentrische Wuchs.* Dieser ist bei allen Aesten und bei schiefstehenden, einseitig belasteten oder vom Wind einseitig beanspruchten Bäumen zu finden und ebenso bei Stämmen, die unvermittelt starker Sonnenbestrahlung ausgesetzt worden sind. Stämme mit exzentrischem Wuchs ergeben stets Bretter mit ungleichen Jahrringen und ungleicher Verteilung von Früh- und Spätholz. Solche Bretter verziehen sich und sind für viele Zwecke, namentlich für Hobelarbeiten und feinere Konstruktionen, nicht zu gebrauchen. Besonders nachteilig ist der exzentrische Wuchs, wenn er verbunden ist mit Rotholzbildung (Buchs), wie dies bei schiefstehenden Nadelhölzern häufig der Fall ist. (Vgl. S. 24.)

Ungleiche Jahrringbreite entsteht besonders als Folge plötzlichen Wechsels im Lichtgenuss der Bäume und ist auch bei sonst einwand-

Querschnitt durch einen Fichtenast mit stark exzentrischem Wuchs.

freier Beschaffenheit des Holzes ein Fehler. Wir haben dabei drei Hauptfälle zu unterscheiden:

a) Innen schmale, nach aussen breiter werdende Jahrringe;
b) innen weite, nach aussen schmäler werdende Jahrringe;
c) wiederholte Aenderung der Jahrringbreite im gleichen Stammquerschnitt.

a) Der erste Fall kommt namentlich im Plenterwald häufig vor, an Bäumen, die nach langer Unterdrückungszeit plötzlich freigestellt

Stockscheibe einer Plenterwaldfichte mit engem Kern und anschliessend allmählich breiter werdenden Jahrringen.

wurden. Die innern Jahrringe sind hier sehr schmal. Das Holz dieser Zone ist hart, schwer und wegen des relativ starken Anteils an Spätholz dunkler gefärbt als das Holz der anschliessenden breitringigeren Zonen. Es ist äusserst widerstandsfähig gegen die Angriffe holzzerstörender Pilze.

In technologischer Hinsicht ist der enge Kern insofern ein Nachteil, als er beim Austrocknen des Stammes herausfallen kann und überhaupt andere Eigenschaften besitzt als das anschliessende Holz (Kernschäle, vgl. auch S. 49). Dieser Nachteil fällt aber meist nicht sehr ins Gewicht, weil grössere Stämme stets im Mark aufgetrennt werden. Der Kern kommt dann an die Kante der Bretter zu liegen und fällt bei der weitern Verarbeitung grösstenteils in den Verschnitt und in die Späne. Die Bildung engerer Kerne mit 10 und mehr cm Durchmesser sollte aber verhindert werden. Sie entstehen, wenn einzelstehende Vorwüchse, sogenannte Wölfe, sich zu Hauptbäumen entwickeln. Solche Stämme sind im Innern stets sehr astig und auch aus diesem Grunde minderwertig.

Auf günstigen Standorten, wo natürliche Verjüngung leicht zu erreichen ist, sollte daher der Nachwuchs in der Regel gruppenweise erzogen werden; astige Vorwüchse sind aus den Gruppen zu entfernen.

b) Wenn die Bäume von Jugend an vollkommen frei stehen, wie z. B. in Pflanzungen auf Kahlflächen, so entstehen in der Markzone

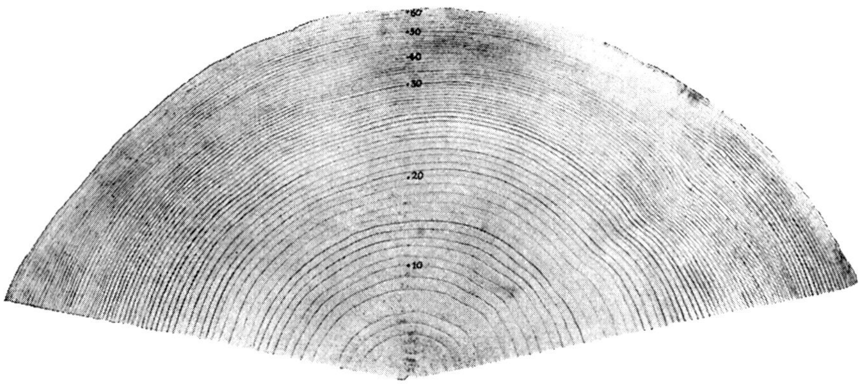

Stammscheibe aus vier Meter Höhe aus einem in weitem Abstand gepflanzten Fichtenbestand, 1000 m ü. M. Jahrringe innen verhältnismässig weit, nach aussen immer schmäler werdend.

sehr breite Jahrringe. Nach Eintritt des Bestandesschlusses werden mit abnehmendem Lichtgenuss und zunehmender Wurzelkonkurrenz die Jahrringe immer schmäler. Nadelhölzer mit solchem Jahrringbau sind infolge der schwammigen Beschaffenheit des Holzes im Stamminnern wenig widerstandsfähig gegen Pilzangriffe, und das Holz ist für bessere Arbeiten, wegen der ungleichen Schwindungsverhältnisse in den innern und äussern Lagen, weniger geeignet als Holz mit gleichmässigem Jahrringbau.

c) Wiederholte *Aenderung in der Jahrringbreite* kommt bei Bäumen vor, die nach einer Periode der Ueberschirmung freigestellt und später wieder überwachsen werden, ferner bei Mittelwaldbäumen infolge der periodischen Entfernung des Unterholzes, bei Aenderungen im Grundwasserstand usw.

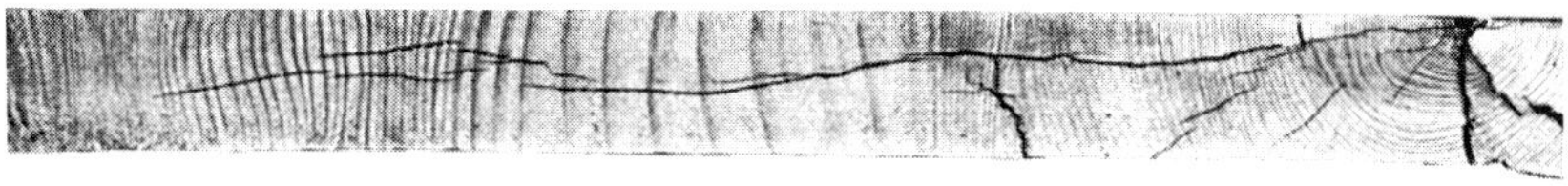

Querschnitt durch eine Fichte mit abwechselnd schmalen und breiten Jahrringen. (Vgl. auch untenstehende Abbildung.)

Je unmittelbarer die Jahrringbreite wechselt und je grösser der Unterschied zwischen den Zonen mit schmalen und denjenigen mit breiten Jahrringen ist, desto grösser sind die Nachteile in technologischer Beziehung. Die beim Trocknen solchen Holzes auftretenden Spannungen lösen sich oft durch Bildung von Längsrissen an der Grenze zwischen breiten und schmalen Jahrringen.

Aus diesen Betrachtungen ergeben sich ohne weiteres einige einfache, aber wichtige waldbauliche Regeln, die bei der Jungwuchspflege und bei jeder Schlaganzeichnung berücksichtigt werden sollten : Unvermittelte starke Aenderungen im Lichtgenuss der Bäume haben ebenso unvermittelte Aenderungen in der Beschaffenheit der Jahrringe zur Folge und sollten daher verhütet werden. Die Jungwuchsgruppen sollen unter Schirm erzogen, allmählich freigestellt und später langsam gelockert werden. So wird die Bildung von hochwertigem astfreien Starkholz, das sich zu allen bessern Arbeiten eignet, am ehesten gewährleistet. Zudem wird bei solchem Vorgehen

Fichtenbrett mit abwechselnd schmalen und breiten Jahrringen. Infolge der ungleichen Schwindung der verschiedenen Zonen sind Längsrisse entstanden, die das Brett stark entwerten. (Vgl. auch obige Abbildung.)

die Gefahr der Erkrankung der Bestände infolge Pilzbefalles vom Wurzelwerk her stark vermindert.

Eine weitere Abweichung vom normalen Jahrringbau, die gelegentlich bei Fichten und Tannen vorkommt, ist die Bildung *welliger Jahrringe.* Solche können indessen kaum als Fehler angesprochen werden, weil der Gebrauchswert des Holzes dadurch nicht vermindert, sondern im Hinblick auf einzelne Verwendungsmöglichkeiten sogar erhöht wird.

An grossen Weisstannen bemerkt man oft im untern Stammteil starke wulstige Verdickungen, die mit Druckerscheinungen in der

Tannenbrett mit verschlungenen Jahrringen, vom untersten Abschnitt eines Stammes mit wulstigen Verdickungen stammend. Sehr geeignet für Täfer und Deckenfüllungen.

Wachstumzone zusammenzuhängen scheinen. Aus solchen Stämmen geschnittene Bretter haben eine sehr dekorative wellige Textur und eignen sich vorzüglich für Täfer- und Deckenfüllungen. Da Zonen enger und weiter Jahrringgruppen abwechslungsweise eng miteinander verkeilt sind, ergeben sich hier keine nachteiligen Schwindungserscheinungen.

Feinwelliger Jahrringbau kommt namentlich bei Fichten bestimmter Gebirgslagen vor. Die Ein- und Ausbuchtungen können dabei sowohl in der Mantelfläche, als auch in der Radialrichtung liegen. Letzteres Holz wird als *Haselholz* bezeichnet und ist als Resonanzholz sehr geschätzt. [1]

Aus unaufgeklärten Ursachen entstehen ferner bei Fichten gelegentlich unvermittelt grobwellige Jahrringe, nachdem der Stamm bei normalem Jahrringbau bereits eine Stärke von 10—20 cm erreicht hat, so dass die Oberfläche spannrückig wird. Später können sich wieder normale Jahrringe anschliessen.

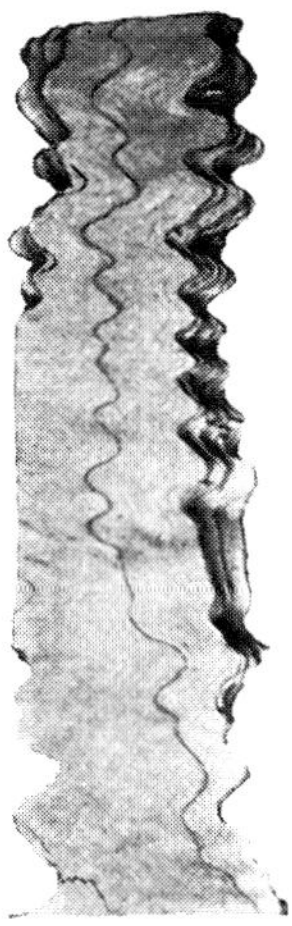

Fichtenholz mit Wellen in der Mantelfläche.

Fichte mit grobwelligen Jahrringen und spannrückiger Stammoberfläche.

Maserwuchs schliesslich entsteht durch gehäufte Knospenanlagen, die jahrzehntelang nicht zur Ausbildung gelangen können, sowie auch durch Ueberwallungen und Verwachsungen. Solche Stellen haben die Neigung, sich knollig zu verdicken, wobei ein mehr oder weniger verschlungener Faserverlauf entsteht. Maseriges Holz ist besonders häufig anzutreffen bei Eschen, Nussbäumen, Ulmen, Erlen, Birken, Pappeln. Es spaltet nicht, kann aber einen sehr grossen Wert erlangen, wenn es sich zur Herstellung von Furnieren eignet.

2. Rotholz oder Buchs der Nadelhölzer

Bei allen Aesten und auch bei schiefstehenden oder sonstwie einseitig belasteten Baumteilen unterscheidet sich das auf der Oberseite

[1] Vgl. von Greyerz: Das Hagel-, Ton- oder Mändliholz. «Schweizerische Zeitschrift für Forstwesen», 1919, S. 75.

gebildete, mehr oder weniger auf Zug beanspruchte Holz wesentlich von dem mehr auf Druck beanspruchten Holz der Unterseite (Rotholz).

Das *Rotholz* der Nadelhölzer ist rotbraun gefärbt, die Zellen sind dickwandiger und kürzer als beim normalen Holz, es ist wasserarm, sehr schwer und so hart und spröd, dass nur schwer ein Nagel eingetrieben werden kann. Der Gebrauchswert buchsigen Holzes wird

Oben: Fichtenstamm mit starker Rotholzbildung (Buchs).

Rechts: Buchsiges Fichtenbrett. Das Rotholz zieht sich beim Austrocknen in der Längsrichtung auffallend stark zusammen. Infolgedessen verziehen sich buchsige Bretter und Balken und reissen leicht in der Längsrichtung auf.

auch dadurch beeinträchtigt, dass es in der Längsrichtung stark schwindet, so dass Bretter und Balken « windschief » werden. Wenn sich bei Holzkonstruktionen oder Tischlerarbeiten einzelne Teile in auffälliger Weise verziehen, so ist dies gewöhnlich auf die Verwendung buchsigen Holzes zurückzuführen.

Beim Laubholz wird in den Druckzonen der Herbstholzanteil in den Jahrringen verbreitert, ohne dass sich Rotholz bildet. [1]

Rotholz entsteht besonders an steilen Rändern auf der dem Wind entgegengesetzten Seite, sowie auch in den heute leider nicht seltenen

[1] Vgl. auch *H. Burger:* Exzentrisches Dickenwachstum, Rotholz und Holzqualität. « Schweizerische Zeitschrift für Forstwesen », 1932, S. 358—362.

Beständen, die infolge zu schroffer Umwandlung gleichalteriger in ungleichalterige Waldungen verlichtet sind. In vielen Fällen dürfte es sich empfehlen, die durch Sonnenbrand und Wind beschädigten Stämme am alten Schlagrand als Schild zum Schutze der innern Bestandesteile stehen zu

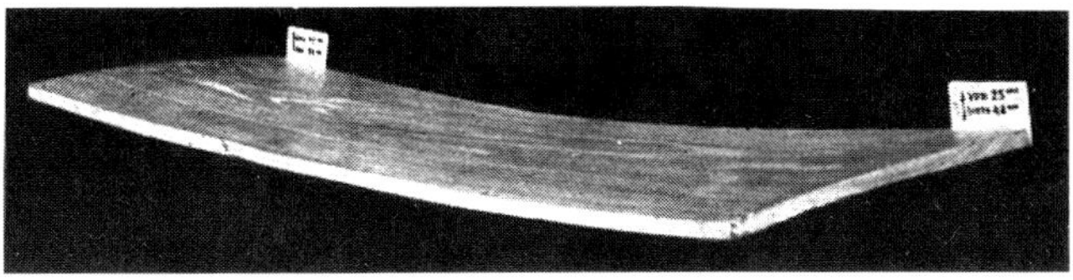

Stark buchsiges Brett, infolge starken Längs- und Querschwindens windschief „verzogen"; Abheben der Ecken; links: vorn 22 mm, hinten 25 mm; rechts: vorn 25 mm, hinten 48 mm.

lassen, auch wenn sie dabei vollkommen entwertet werden. Im Innern der Waldungen ist aber in erster Linie auf die Ausbildung allseitig gleichmässig entwickelter Kronen zu achten. Schief stehende Stämme sind zu entfernen, schroffe Eingriffe zur Bildung von Verjüngungszentren, sowie auch gleichmässige Lichtungen auf grosser Fläche sind zu vermeiden. Schliesslich soll in den Schlägen buchsiges Holz zu Papier- oder Brennholz aufgerüstet, oder wenigstens als solches bezeichnet und in besondern Losen, als Ausschuss verkauft werden.

3. Drehwuchs

Bei den meisten Bäumen verlaufen die Fasern nicht parallel zum Mark, sondern sie sind mehr oder weniger spiralig gewunden. Verlaufen die Windungen von rechts unten nach links oben, so nennt man die Bäume *sonnig*, im entgegengesetzten Fall *widersonnig*, auch rechts- oder linksgedreht. Bei vielen Stämmen erkennt man den Drehwuchs schon am Verlauf der Rippen, am Wurzelanlauf oder an den Längsrissen der Borke. Die Rindenrisse können aber auch vollkommen gerade verlaufen, so dass der Drehwuchs erst nach dem Entrinden sichtbar wird.

Nicht alle Holzarten neigen gleich stark zum Drehwuchs. An Telegraphenstangen und Zaunpfosten, sowie an im Walde liegenden, geschälten Stämmen kann man bemerken, dass Föhren, Fichten und Tannen in der Regel mehr oder weniger gedreht sind. Rosskastanien sind stets gedreht, und zwar meist links, Birnbäume bald links, bald rechts, während bei der Birke niemals Drehwuchs anzutreffen ist.

Die Ursachen der Entstehung des Drehwuchses sind noch wenig erforscht. Auf flachgründigen, windigen Standorten kommt starker Drehwuchs viel häufiger vor als auf tiefgründigen, geschützten, doch kann man mitunter auch mitten in einem geradfaserigen Bestand einzelne stark drehwüchsige Stämme antreffen, besonders Föhren.

Bisweilen wechselt die Drehrichtung in verschiedenen Zuwachslagen. Solches « wildes » Holz ist nur als Brennmaterial zu gebrauchen.

Sonnig- oder rechtsgedrehter Fichtenstamm vom Uetliberg bei Zürich.

Widersonnig- oder linksgedrehte Föhre von Brand, bei Hohenstein in der sächsischen Schweiz.

Durch den Drehwuchs wird der Gebrauchswert des Holzes beeinträchtigt, namentlich dann, wenn er mit exzentrischem Wuchs verbunden ist. Schneidet man nämlich (nach *Lang*) ein Brett aus einem drehwüchsigen Stamm so, dass am einen Stammende die Jahrringe symmetrisch verteilt sind, so trifft der Schnitt, infolge der Drehwüchsigkeit, die Jahrringe weiter oben in einer andern Richtung. Der Hobel wird daher in der obern Bretthälfte einreissen. Dazu kommt, dass sich solche Bretter verziehen und daher zu bessern Arbeiten nicht mehr zu gebrauchen sind. Für Spaltwaren und Bretter ist Holz, das eine halbe Umdrehung der Faser auf 5 m Stammlänge aufweist, nicht verwendbar.

Ebenso störend wie bei Brettern und Spaltwaren tritt der Drehwuchs bei Balken in Erscheinung. Dort wird die Zug- und Druckfestigkeit des Holzes vermindert, weil neben den lotrechten Zug- und Druckspannungen auch noch waagrechte Spannungen entstehen, die (nach *Lang*) bei Druckbelastung zum Ausknicken oder bei der ge-

Aus drehwüchsigem Holz geschnittener Deckenbalken, der sich stark verzogen hat. Phot. Jenny-Dürst.

ringen Scherfestigkeit des Holzes zum Aufspalten, bei Zugbelastung aber zu starkem Recken führen müssen. Ganz gefährlich und verwerflich ist die Verwendung solcher Hölzer bei den neuzeitlichen Spezialkonstruktionen. Der Drehwuchs ist überhaupt derjenige Fehler, der das Holz als Baustoff am meisten in Misskredit bringt, weil die nachteiligen Wirkungen gewöhnlich erst am fertigen Bauobjekt zutage treten.

Die Bekämpfung des Drehwuchses erfolgt am besten durch den frühzeitigen Aushieb der stark gedrehten Stämme bei jeder Durchforstung. Stark drehwüchsige Stämme sind zu Brennholz aufzuarbeiten.

4. Harzgallen und Harzrisse

Als *Harzgallen* bezeichnet man flache, innerhalb eines Jahrringes liegende, mit Harz gefüllte Taschen, die nur bei denjenigen Nadel-

Fichtenbrett mit Harzgallen.

hölzern vorkommen, welche Harzgänge führen, also bei Fichte, Föhre, Lärche, Douglasie u. a., während bei Weisstanne, Tsuga und Zypresse niemals Harzgallen zu finden sind. Die Harzgallen können von unscheinbarer Grösse sein, aber auch bis mehrere Zentimeter lang und bis handbreit werden. Die Tiefe beträgt gewöhnlich nur wenige Millimeter, doch kommen auch bis zu 7 Millimeter tiefe Harzgallen vor.

Die Entstehung der Harzgallen ist auf einen Harzerguss in die unfertigen kambialen Holzschichten bei Beginn der Jahrringbildung zurückzuführen. Durch den hohen Druck in den Harzkanälen wird die Rinde vom Holz platzweise abgehoben und durch das ausfliessende Harz aufgebeult, wobei das Kambium am Leben bleibt. Der Erguss wird daher vom Holz des im gleichen Jahr gebildeten Jahrringes umschlossen, die nachfolgenden 4—5 Jahrringe sind noch etwas ausgebaucht. Ein Erguss kann (nach Exner) zufolge der durch den Wind hervorgerufenen Biegungen entstehen, dürfte aber häufig auch auf Sonnenbrand zurückzuführen sein. Auf sonnigen Standorten und auf der von der Sonne beschienenen Seite der Stämme kommen nämlich Harzgallen besonders häufig vor. Bisweilen sind die Stämme mit Harzgallen so gespickt, dass dadurch der Nutzwert des Holzes stark beeinträchtigt wird. Bretter mit Harzgallen sind für bessere Schreinerarbeiten nicht zu verwenden, aber auch die Festigkeit von Holzverbänden kann durch Harzgallen erheblich beeinträchtigt werden.

Als *Harzrisse* werden die an der Stammbasis von Lärchen und Douglasien häufigen, vom Mark ausgehenden Radialrisse im Kernholz bezeichnet, die vollkommen mit flüssigem Harz ausgefüllt sind. Dieses Harz der Lärche wird in den Alpenländern genutzt, indem man die Stämme an der Basis anbohrt.

5. Falschkernbildungen

Bei vielen Holzarten unterscheiden sich die ältern, innern Holzteile durch dunklere Farbe, geringern Wassergehalt, grössere Festigkeit und Dauerhaftigkeit von den äussern, jüngern Schichten. Man nennt solche Bäume *Kernholzbäume* und bezeichnet die innern Holzteile als *Kern,* die äussern als *Splint.* Zu dieser Gruppe von Holzarten gehören Eiche, Esche, Ulme, Kastanie, Robinie, Nussbaum, Pappel und von den Nadelhölzern alle Föhrenarten, Eibe und Lärche.

Bei andern Holzarten sind die ältern Holzteile zwar trockener, aber in Farbe, Festigkeit und Dauerhaftigkeit nicht wesentlich verschieden von den jüngern. Der innere Stammteil wird in diesem Falle *Reifholz* genannt (Reifholzbäume). Hierher gehören Fichte und Tanne, Buche, Feldahorn und Linde.

Bei einer dritten Gruppe, den *Splintbäumen,* zu der Bergahorn, Spitzahorn, Erle, Birke, Hagebuche und Aspe zu zählen sind, ist überhaupt kein wesentlicher Unterschied zwischen den innern und äussern Holzschichten zu bemerken.

Die Grenze zwischen Splint und Kern folgt weder im Querschnitt noch im Längsschnitt des Stammes genau demselben Jahrring und der Splint umfasst nicht in allen Teilen des Stammes gleichviel Jahrringe. Die Begrenzung des Kernes ist aber immer mehr oder weniger kreisförmig und scharf.

Ausser den durch normale Verkernung entstehenden Verfärbungen kommen bei vielen Laubhölzern auch noch solche um das Mark und an andern Stellen des Stammes vor, die auf zwei verschiedene Ursachen zurückzuführen sind. Entweder handelt es sich um eine beginnende Zersetzung des Holzes durch Pilze (Graukern, S. 111) oder eine, der echten Verkernung sehr ähnliche Umwandlung des Holzes, eine *Schutzholzbildung,* bei der die Leitungsbahnen verstopft und für Pilze unwegsam gemacht werden.

Am häufigsten treten Schutzholzbildungen um das Mark auf und sehen dann einem echten Kern sehr ähnlich. Solche *Falschkerne* trifft

Weit fortgeschrittener, zackiger roter Kern vom obern Stammteil einer alten, hohlen Buche.

man bei Reifholzbäumen häufig an, besonders bei Buchen, dann auch bei Splintbäumen, wie Birken und verschiedenen Pappelarten.

Solange der Kampf zwischen dem Pilz und dem Baum dauert, geht auch die Kernbildung weiter, meist in Zonen, die durch schwarze Linien voneinander getrennt sind. Ist der Pilz vom gesunden Holz ganz abgetrennt, so steht die Kernbildung still. Daher entsteht bald ein einfacher, gleichmässig rotbrauner, bald ein gezonter Kern. Der falsche Kern ist nicht immer, wie der normale, annähernd von einem Jahrring begrenzt. Er kann sternförmig sein, wenn im Stamm feine Radialrisse vorhanden sind.

Reines verkerntes Holz, das keine Spuren von Graukern erkennen lässt, ist sehr schwer, druckfest und dauerhaft. Beim Trocknen verliert sich der dunkle Ton und es bleibt eine wolkige Verfärbung übrig. Da aber der falsche Kern oft einen Graukern einschliesst, ist solches Holz nicht beliebt und kann für bessere Arbeiten nicht verwendet werden.

Sehr verbreitet ist der falsche oder *rote Kern der Buche,* bei der sich am frisch gefällten Holz die dunkelrotbraune Zone deutlich vom normalen Holze abhebt. In manchen Beständen, besonders in ehemaligen Mittelwaldungen, haben fast alle Buchen im untern Stammteil

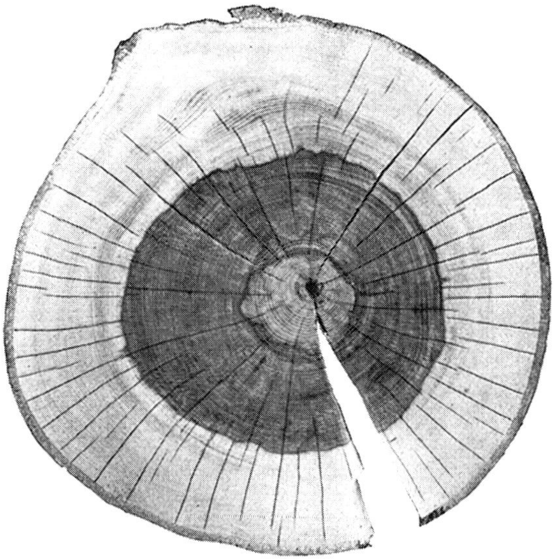

Annähernd kreisrunder roter Kern einer Buche, einen Graukern einschliessend.

einen roten Kern, während in alten, dicht erwachsenen Beständen die roten Kerne sich von Astwunden aus stammauf- und abwärts entwickeln und selten bis auf den Stock reichen.

Buchenschwelle von der Montreux - Oberlandbahn, die nach 21 Jahren ausgewechselt werden musste, weil vom (nicht imprägnierbaren) roten Kern aus Fäulnis entstanden war.

Für Eisenbahnschwellen wird der rote Kern der Buche nur in beschränktem Umfang geduldet, weil er sich, so wenig wie echter

Kern, imprägnieren lässt. Roter Kern ist weniger dauerhaft als imprägniertes, unverkerntes Holz; die Zerstörung der Schwelle beginnt daher in der Regel im Kern.[1]

In den letzten Jahren erschienen in der forstlichen Fachpresse Mitteilungen über eine bisher nicht beachtete, oder mit der Rotkernbildung verwechselte Kernbildung der Buche, die als *Frostkern* bezeichnet wird.[2] Die Erscheinung ist zum erstenmal im Herbst 1929 beschrieben und in den folgenden Jahren im nördlichen und östlichen Europa an einem grossen Teil der gefällten Buchen beobachtet worden.

Der Frostkern wird auf die grosse Kälte im Februar 1929 zurückgeführt. Er ist meist heller gefärbt als der Rotkern, besitzt aber einen dunklen Rand. Während der Rotkern gleich nach der Fällung seine

Frostkern einer Buche aus den Karpathen, einen roten Kern umschliessend.

endgültige Farbe zeigt, ist der Frostkern zuerst kaum zu bemerken und dunkelt erst bei Luftzutritt nach. Beim Austrocknen wird das Holz an der Oberfläche wieder heller und am Licht verschwindet die Verfärbung schliesslich bis auf die dunklen Ränder ganz. Die Verfärbung ist am deutlichsten im untersten Stammteil. Sie schliesst stets das Mark ein, während Rotkerne auch exzentrisch liegen können. An jüngern Bäumen sind keine Frostkernbildungen bemerkt worden. Ein Frostkern kann ohne einen Rotkern vorhanden sein oder einen solchen einschliessen.

Frostkerniges Holz scheint beim Lagern leichter stockig zu werden als nicht verkerntes oder gar als rotkerniges Holz. Die Frostkern-

---

[1] Vgl. J. Liese : Ueber die Gebrauchsdauer teerölimprägnierter Buchenschwellen. Zeitschrift f. Forst- und Jagdwesen, 1934, S. 79—88.

[2] Prof. Dr. *Jahn*, Hann.-Münden, Der Frostkern der Buche. « Zeitschrift für Forst- und Jagdwesen », 1930, Nr. 8.

bildung ist auf chemische Veränderungen des Zellsaftes, nicht auf Pilzinfektion zurückzuführen, die infolge der grossen Kälte von der Rinde nach dem Mark hin fortschreiten. Das mit Frostkern behaftete Holz reisst während der Trocknung stärker auf als nicht frostkerniges. Nach dem Dämpfen bleibt eine schmutziggraue Färbung bestehen, durch die die Verwendbarkeit des Holzes beeinträchtigt wird. Frostkerniges Holz lässt sich indessen ebenso gut imprägnieren wie unverkerntes, woraus deutlich hervorgeht, dass der Frostkern eine vom roten Kern gänzlich verschiedene Bildung ist.

6. Astigkeit

a) Astigkeit als Holzfehler

a

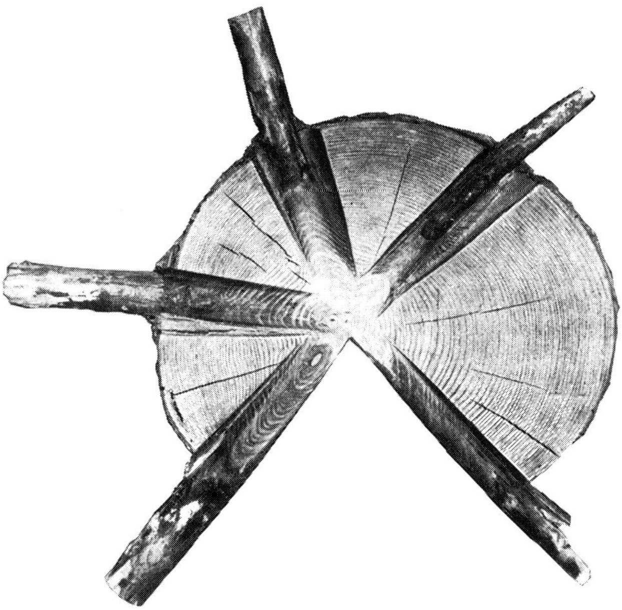

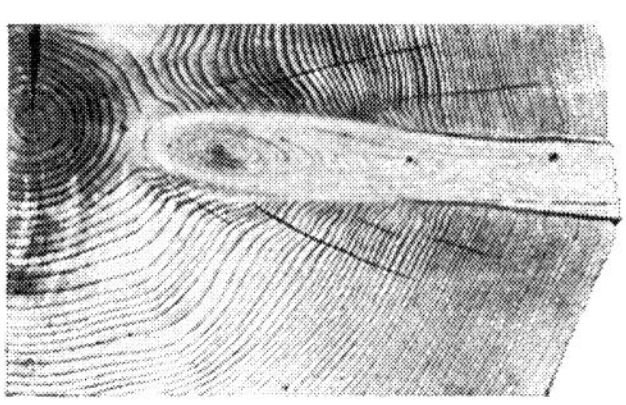

b

a und *b* teilweise verwachsene, teilweise umwallte, lose im Stamm liegende Aeste einer Fichte.

In einem jungen, dicht geschlossenen Bestand beginnt, sobald die Aeste sich seitlich berühren, der Kampf der Bäume untereinander um Standraum und Licht. Mit dem Eintritt des Schlusses werden die Höhentriebe der Bäume länger. Aber in dem Masse, wie durch die Bildung neuer Aeste an den jüngsten Höhentrieben die Krone nach oben fortgesetzt wird, sterben die untersten Aeste, denen das Licht entzogen wird, ab.

Am lebenden Ast wird jedes Jahr ein schmaler Jahrring gebildet, der sich in denjenigen des Stammes direkt fortsetzt. Beim Absterben des Astes wird die Astbasis noch einige Jahre lang vom Stamm aus ernährt, aber schliesslich hört die Bildung von Jahrringen auf, und der tote Aststummel wird vom Stamm umwallt und überwallt, wie irgendein Fremdkörper oder eine Wunde überwallt wird.

Fichte mit Trockenästen.

Das Holz der Aeste ist sehr engringig und enthält verhältnismässig mehr Spätholz als das Stammholz. Es ist dunkler, härter und spröder und erscheint auf den Brettern, wo die Aeste bald in der Längsrichtung, bald senkrecht oder schief zur Astachse aufgeschnitten sind, als dunkle Stellen, in deren Umgebung der Faserverlauf gestört ist. Durch diese Störung wird der Nutzwert des Holzes beeinträchtigt. Je dicker der Ast ist, um so mehr müssen die Fasern des Stammes ausweichen, um so weniger eignet sich das Holz für feinere Arbeiten.

Astiges Holz ist mit allen Werkzeugen schwerer zu bearbeiten als schlichtes. Mag auch dieser Umstand bei der Verwendung von Maschinen nicht mehr so stark ins Gewicht fallen wie früher, so bleibt doch der Nachteil bestehen, dass in Aeste sehr schwer ein Nagel eingetrieben werden kann und die Fasern in der Umgebung des Astes leicht ausreissen und rauhe Stellen bilden.

Neben der Schönheit wird durch die Aeste in erster Linie die Festigkeit des Holzes beeinträchtigt. Bei der Prüfung derselben, namentlich der Biegungsfestigkeit, zeigt sich nämlich, dass die Brüche stets beim stärksten Ast eintreten, wenn auch das Astholz selbst sehr fest sein mag. Früher begegnete man diesem Nachteil der Astigkeit durch die Wahl entsprechend grosser Balkenquerschnitte. Aber heute kann sich das Holz im Wettkampf mit andern Baustoffen nur behaupten, wenn es bei kleinem Querschnitt genügend fest ist. Selbst für Balken des Dachgerüstes wird mehr und mehr astfreies, mindestens nicht grobastiges Holz verlangt. Dass man im Geräte-,

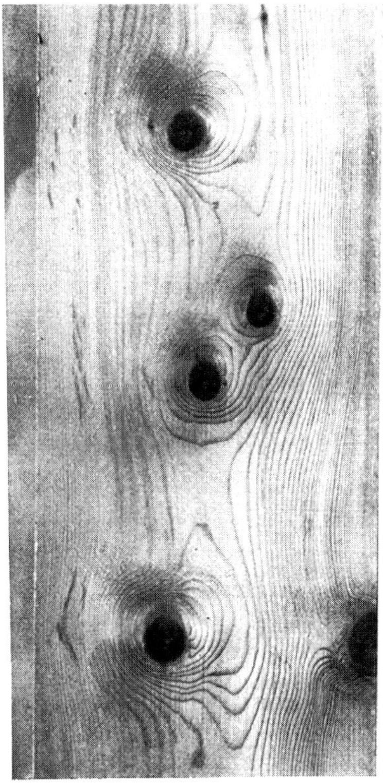

Brett mit gut verwachsenen Aesten.

Brett mit ausfallenden Aesten.

Möbel- und Wagenbau, sowie für viele Arbeiten in der Bauschreinerei nur astfreies Holz verwenden kann, ist leicht verständlich, aber auch da wo weniger grosse Anforderungen an die Schönheit und Festigkeit des Materials gestellt zu werden brauchen, wie bei Flächen, die mit Oelfarbe angestrichen werden, bei roh bleibenden Wänden in Dachkammern, bei Verschalungen aller Art, verlangen die Bauherren und Architekten mehr und mehr astfreies Holz und nehmen zu fremden Holzarten oder zur abgesperrten Platte usw. Zuflucht, wenn das von unserer Forstwirtschaft gelieferte Holz den Ansprüchen nicht genügt.

Ein weiterer Uebelstand der Astigkeit ist der, dass das dichtere Holz der Aeste beim Trocknen mehr schwindet als das Stammholz und daher rissig wird, wenn der Ast gut verwachsen ist, während nicht verwachsene Aeste herausfallen. Wenn die Aeste sogar überwallt werden, bevor die Rinde abgefallen ist, wie das bei der Weisstanne, Lärche und Fichte oft der Fall ist, entstehen die sogenannten « schwarzen Aeste », welche die Bretter stark entwerten.

In den Schreinereien, Kisten- und Kübelfabriken werden die astigen Stellen kreisrund ausgefräst und mit Holzzapfen oder mit Blechscheiben geflickt. Nach der Gebräuchesammlung des Vereins der Holzinteressenten Süddeutschlands sind bei allgemeiner Hobelware sorgfältig, sauber und dauerhaft ausgedübelte Aeste in beschränkter Zahl als festverwachsene Aeste anzusehen und dürfen nicht beanstandet werden. Aber dieses Flicken verteuert das Holz. Für feinere Arbeiten wird übrigens ein ungeflicktes Brett dem geflickten, für die meisten Verwendungszwecke aber, trotz eines grossen Preisunterschiedes, astfreies Holz dem astigen vorgezogen. Die Klassierung der Bretter in den Sägereien erfolgt denn auch fast ausschliesslich nach der Astigkeit.

Das Flicken von Astlöchern bei Kistenbrettern.

Nur die gutverwachsenen, dunkelrotbraunen Aeste der Arve gelten nicht als Fehler; sie erhöhen die Schönheit des Holzes und bedingen dessen Verwendbarkeit für Möbel und für Täfer. Auch bei der Lärche, Föhre und Weymuthsföhre werden für bestimmte Zwecke astige Bretter vorgezogen.

Nach *Witzgall* (vgl. J. A. von *Monroy* « Das Holz ») dürfen

reine oder halbreine Bretter keine oder nur ganz kleine, völlig mit dem Holz verwachsene Aeste aufweisen.

Gute Bretter können auf eine bestimmte Länge eine mässige Anzahl nicht zu grosser und verwachsener Aeste aufweisen, wobei einzelne kleinere Durchfalläste geduldet werden.

Ausschussbretter dürfen grobe, jedoch verwachsene Aeste und eine Anzahl von Durchfallästen haben; neben der Astigkeit wird auch leichte Rotstreifigkeit geduldet.

Feuerbord (sog. X-Ware) ist das nach Ausscheidung der vorgenannten drei Sorten noch übrigbleibende Brettmaterial; es sind also grobästige, rotstreifige Bretter mit Durchfallästen und kleinen Faulstellen.

Die *Wiener Usancen* enthalten bezüglich der Aestigkeit folgendes:

Herausfallende, lose oder durchfallende Aeste sind solche, die an den beiden Oberflächen (des Schnittmaterials) mit einem schwarzen Ring umgeben oder nicht mit der Holzstruktur verwachsen sind;

halbeingewachsene Aeste sind solche, welche auf der einen Seite des Brettes oder Pfostens mit einem schwarzen Ring umgeben, auf der andern Seite aber mit der Struktur fest verwachsen oder überhaupt nicht sichtbar sind. Hierzu zählen auch jene Aeste, die nur in einem Teil der Rundung verwachsen, im andern aber lose oder mit Astrinde umgeben sind;

eingewachsene Aeste nennt man, die mit der Holzstruktur fest verwachsenen Aeste.

Quer- oder Flügeläste sind solche, welche ungefähr in der Mitte des Brettes oder Pfostens beginnend, sich bis zum Rande desselben oder fast bis dahin ausbreiten.

Kleine Aeste haben einen Durchmesser von weniger als 2½ cm
Mittelgrosse Aeste haben einen Durchmesser von 2½—4 cm
Grobe Aeste haben einen Durchmesser von mehr als 4 cm

Bezüglich der Beschaffenheit der Schnitt- und Hobelwaren gelten heute bei den Schweizerischen Bundesbahnen folgende Bestimmungen:

Schweizerische Bundesbahnen

Besondere Bestimmungen über die Lieferung von Hobelwaren

Art. 1

Tannen-Hobelware

Sie wird in drei Klassen ausgeschieden.

Die I. Klasse muss astrein und annähernd astrein sein. Vorkommende kleine Aeste in geringer Anzahl sind zu dulden. Die Ware muss blank und rissfrei sein.

Die II. Klasse muss gesundastig, blank und rissfrei sein, ohne grobe und ausfallende Aeste. Vorkommende nicht zu grosse und einseitig verwachsene schwarze Aeste, ferner Herzrisse, die nicht bis zur Oberfläche durchgehen, sowie kleine Endrisse sind zu dulden.

In den beiden Qualitäten I. und II. Klasse ist für Bodenriemen vorzuschreiben, ob herzgetrennte Ware oder ob solche mit Herz zu liefern ist.

Die III. Klasse darf eine grössere Anzahl grober und auch einige ausfallende Aeste haben. Ferner muss hartes, rotstreifiges Holz, sowie durchgehende Risse und Hobelfehler geduldet werden.

Art. 2

Pitchpine-Riemen

Die zu liefernde Riemenart ist genau zu umschreiben, wie Rifts, Halbrifts oder herzgetrennte Riemen. Die Riemen müssen astrein sein mit splint-

und rissfreier Hobelseite. Vereinzelt auftretende Harzgallen, Harzstreifen und Kien sind zulässig.

Art. 3

Douglas-(Oregon) Rifts

Zirka 90% der Ware muss astrein sein; sie muss durchwegs mit aufrechtstehenden Jahresringen geliefert werden; vereinzelt vorkommende Harzgallen und Harzstreifen sind zu dulden, ebenso bis 5% Riemen mit durchgehendem Splint an einer Kante.

Art. 4

Bei allen Lieferungen gilt als Regel, dass die Abmessungen der fertigen Ware den in den Zeichnungen und Bestellscheinen eingetragenen Massen zu entsprechen haben.

Art. 5

Ausfallende Aeste sind solche, die an beiden Sichtflächen von einem schwarzen Ring (Astrinde) umgeben und nicht mit der Holzstruktur verwachsen sind, im Gegensatz zu eingewachsenen Aesten, die fest mit der Holzstruktur verwachsen sind.

Bern, den 20. Dezember 1930.

Die Generaldirektion der Schweizerischen Bundesbahnen.

b) Ueber die Erziehung astreinen Holzes

Die Frage der Erziehung astreinen Holzes beschäftigt die Forstleute und Holzverbraucher schon seit alter Zeit. Durchgeht man die Fachzeitschriften aus der zweiten Hälfte des vorigen Jahrhunderts, so bemerkt man, dass diese Angelegenheit zu jener Zeit besonders eifrig besprochen worden ist. Fast so alt wie die Erkenntnis, dass astfreie Stämme wertvoller sind als astige, ist auch der Streit über die Zweckmässigkeit künstlicher Astung zur Ergänzung der natürlichen.

Die natürliche Astreinigung kommt dadurch zustande, dass die infolge Lichtmangels kümmernden und absterbenden untern Aeste von Pilzen angegriffen und brüchig werden. Sie fallen schliesslich, infolge ihres eigenen Gewichtes ab oder werden von fallenden Stämmen abgestreift. Im dichten Bestandesschluss werden feinere Aeste gebildet als bei lockerem Schluss. Aber diese Aeste sind viel zäher und weniger leicht zersetzbar als die rasch gewachsenen. Der Grad der Astigkeit hängt auch von der Rasse und dem Standort ab.[1]

Zweifellos kann die Erzeugung astfreien Holzes durch frühzeitige künstliche Entfernung der dürren Aststummel gefördert werden. Des-

[1] Vgl. *H. Mayer-Wegelin:* Aestigkeit und Astung. Eine Zusammenfassung der Ergebnisse neuerer Arbeiten. « Forstarchiv », 1932, Heft 15.

halb haben zahlreiche Forstmänner die künstliche Astung als wichtiges Glied in der Bestandespflege schon längst empfohlen und auch in grossem Maßstab in der Praxis angewandt.

Die grossen Hoffnungen, die man auf diese bestandespflegliche Massnahme gesetzt hatte, wurden indessen nur zum kleinsten Teil erfüllt. Auf den Sägemühlen erkannte man nämlich bald, dass die äusserlich tadellosen, scheinbar astfreien Schäfte keineswegs die erwarteten fehlerfreien Bretter lieferten, indem in 30—50 Jahren nach erfolgter Aufastung oft nur 3—5 cm breite astreine Ringe erzeugt wurden, die zum grössten Teil in die Schwarten fielen.

Vor 40 Jahren geasteter Stamm. Die Ueberwallungsstelle bildet einen schlimmen Fehler im Brett.

Die Ueberwallungsstellen stärkerer Aeste bilden schlimme Fehlstellen im Holz, und die überwallten Aststummeln zeigen in verstärktem Masse die Eigenschaften ausfallender Aeste. Da wo die Astung mit der Axt oder mit dem Gertel ausgeführt wurde, statt mit der Säge, kommen alle diese Nachteile noch deutlicher zum Ausdruck.

Sehr übel haben sich die Astungen sodann namentlich beim Laubholz ausgewirkt, wo vorwiegend Grünastung in Frage kommt. Während sich bei der natürlichen Reinigung an der Astbasis ein schutzkernartiger Abschluss bildet, entstehen beim Abschneiden der Aeste Wunden, durch welche holzzerstörende Pilze in das Innere des Stammes gelangen und dessen Zerstörung bewirken können. Die Forstleute und Holzfachleute kamen daher zum Schluss, dass beim Laubholz, besonders bei der Buche, grundsätzlich in jedem Alter von der künstlichen Astung abzusehen sei. Bei der Eiche wäre die Astung weniger gefährlich gewesen, wenn man sich auf die Wegnahme schwächerer Aeste beschränkt hätte. Aber die alten Huteichen und Oberständer aus dem ehemaligen Mittelwald hatten sehr starke Aeste, denen mit der Entwicklung des in Hochwald umgewandelten Bestandes das Licht entzogen wurde. Man entfernte daher häufig auch diese starken Aeste, wobei sich an den Ueberwallungsstellen die bekannten Kappen bildeten, unter denen die Fäulnis fortschritt. Begreiflicherweise sind die Holzkäufer aufgeasteten Eichen gegenüber stets misstrauisch und ver-

Vor 40 Jahren geasteter Stamm. Nach der Astung wurde nur noch eine 1—2 cm starke Holzschicht gebildet.

langen, dass bei der Zurüstung der Stämme die Kappen abgeschnitten werden.

Infolge der schlechten Erfahrungen, die mit der Aufastung gemacht worden sind, kamen die Forstleute allmählich zur Ueberzeugung, dass astfreies Holz nur durch richtige Bestandesgründung und -erziehung, nicht aber durch künstliche Astung erzogen werden kann.

Aber die Astungsfrage kam trotzdem nicht zur Ruhe. In neuerer Zeit mehren sich die Stimmen wieder, welche die Astung in beschränktem Masse empfehlen, wobei auf die günstige Wirkung hingewiesen wird, die in einzelnen Fällen, z. B. bei rechtzeitiger Astung von Fich-

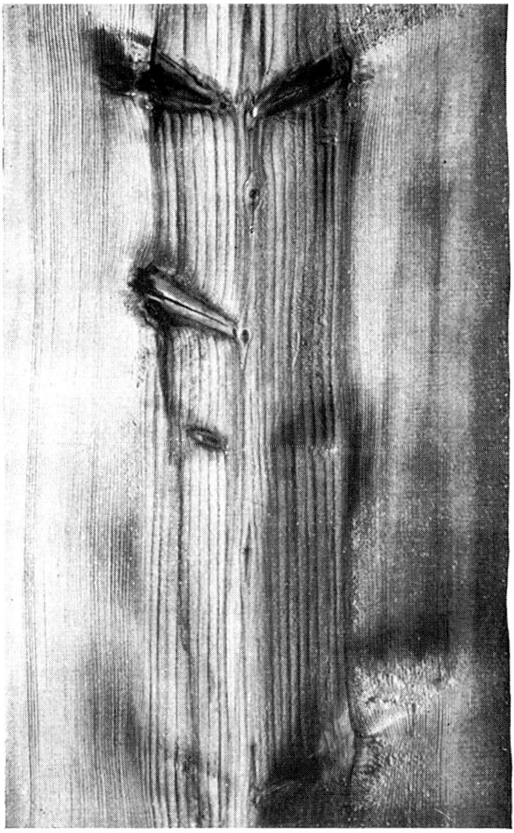

Vor 60 Jahren geastete Fichte. Obwohl sich hier noch ein Holzmantel von 10 cm Dicke bilden konnte, wurde der Stamm durch die künstliche Astung doch entwertet.

tenoberständern in Mittelwaldungen erreicht worden ist. Solche Stämme liefern, wenn sie rechtzeitig aufgeastet worden sind, ein ausgezeichnetes Schreinerholz und wurden in der Ostschweiz selbst im Winter 1931/32, als das ganze Land mit billigem Auslandholz überschwemmt wurde, mit 80—100 Franken pro Kubikmeter und sogar noch teurer bezahlt. Die Astung ist ferner zu empfehlen in 20—30jäh-

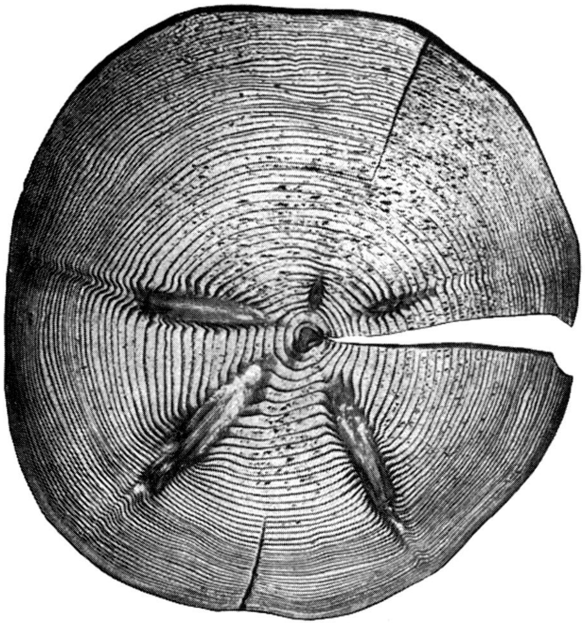

Querschnitt durch einen Fichtenstamm, die Ueberwallung teils natürlich abgefallener, teils künstlich entfernter schwacher Aeste zeigend.

Querschnitt durch einen Fichtenstamm, die Ueberwallung unsorgfältig entfernter grüner Aeste zeigend. Starker Zuwachsrückgang als Folge der Grünastung.

rigen Fichtenbeständen auf guten Standorten. Entfernt man dort an den Elitebäumen die dürren Aststummel bis in eine Höhe von 6 bis 8 Meter vorsichtig mit der Säge, glatt am Stamm, und wiederholt diese Massnahme, unter Benützung einer Leiter, nach etwa 10 Jahren

Phot. A. Barbey.

Stammstück einer vor 55 Jahren mit der Axt aufgeasteten Weidefichte.

1. Aststummeln, von der Aufastung im Jahre 1877 herrührend.
2. Der seit der Aufastung gebildete Holzkörper ist vollkommen verschieden von dem früher gebildeten und löst sich leicht von jenem ab.

bis auf eine Höhe von 10—12 Meter, so wird dadurch die Holzqualität günstig beeinflusst und die aufgewendeten Kosten werden sich lohnen.

Die Beschränkung der Astung auf die Elitebäume ist aber nicht nur aus Sparsamkeitsgründen zu empfehlen, sondern namentlich deshalb, weil nur diese Bäume die Wunden rasch überwallen und noch einen astfreien Holzring von mindestens 10 cm Breite bilden können.

Die künstliche Entfernung starker Aeste, wie auch die Aufastung von zuwachsarmen Bäumen hat mehr Nach- als Vorteile.

Grünastung an Bäumen, die noch längere Zeit stehenbleiben, ist grundsätzlich zu unterlassen. Grüne Astwunden überwallen häufig schlecht und bilden Eingangspforten für holzzerstörende Pilze. Die Entnahme grüner Aeste hat überdies die Bildung ungleichmässiger

Phot. H. Tanner. Durch Astung gänzlich verstümmelte Bäume. Phot. K. Rüedi.

Jahrringe zur Folge, indem der Zuwachs unmittelbar nach der Astung gewöhnlich stark zurückgeht.

Wenn tief beastete, einzelstehende Vorwüchse und Protzen ausnahmsweise zugunsten eines wertvolleren Jungwuchses aufgeastet werden, so ist dagegen nichts einzuwenden, wenn der verdämmende Baum nach einigen Jahren ganz entfernt wird.

Notwendig ist ferner die Entfernung der sogenannten *Klebäste* oder *Wasserreiser* bei wertvollen Laubholzstämmen, besonders bei Eichen. Unterlässt man diese Astung, so entwickelt sich allmählich aus den Wasserreisern eine neue Baumkrone, während gleichzeitig die obersten Aeste absterben. Die Klebäste sollen daher alle drei bis vier Jahre weggeschnitten werden.

Die Bildung von Wasserreisern kann verhindert werden, wenn die Qualitätsbäume schon im geschlossenen Bestand allmählich an den Freistand gewöhnt werden, so dass sie eine dicke Borke und eine starke Krone ausbilden können. Das beste Mittel, um die Bildung von Klebästen zu verhindern, ist aber die Einhüllung der wertvollen Laubholzstämme in einen Mantel von Hagebuchen oder Buchen, worauf ebenfalls bei der Bestandeserziehung rechtzeitig zu achten ist.

Ueber die *Technik* der *Astung* ist folgendes zu bemerken:

Zur Astung sollen nur Fuchsschwänze oder Baumsägen mit kleinen Zähnen und verstellbarem Blatt verwendet werden, die man an Stangen befestigen kann. Zur Astung in grösserer Höhe sind Leitern zu verwenden, deren Holmenenden und obersten Sprossen mit Stoff umwickelt sind. Steigeisen dürfen unter keinen Umständen benützt werden, ebensowenig Aexte und Gertel. Die Aeste sollen beim Nadelholz glatt am Stamm abgeschnitten werden. Bei grünen Laubholzästen empfiehlt sich das Stehenlassen eines Aststummels von einigen Zentimetern Länge. Die beste Zeit für das Asten ist der Nachwinter und das erste Frühjahr, weil dann die Rinde noch fest am Holz sitzt und der Heilungsprozess bald beginnt.

Die Mittel zur Erziehung astfreien Holzes liegen in erster Linie auf waldbaulichem Gebiet. Die künstliche Astung, als Ergänzung zur natürlichen, bleibt immer ein gefährlicher Eingriff in das Leben des Baumes und ein Notbehelf, zu dem nur gegriffen werden soll, wenn man die Arbeit unbedingt zuverlässigen Arbeitern übergeben kann.

III. Fehler im Holzgefüge als Folge klimatischer Einflüsse

1. Schwindung und Schwindungsrisse

Der Splint der Bäume ist in allen Jahreszeiten sehr wasserreich und schwer. Der Kern enthält nur bei den Laubhölzern erhebliche Wassermengen.

Das Wasser ist eine lästige Beigabe des Holzes, und zwar sowohl wegen der dadurch bedingten Gewichtserhöhung, als auch wegen der geringen Widerstandsfähigkeit des nassen Holzes gegenüber den Angriffen holzzerstörender Pilze. Frisches Holz muss daher vor der Verwendung ausgetrocknet werden, was bei manchen Holzarten jahrelang dauert. Mit der Austrocknung ist stets eine Volumen- und Formveränderung, das «*Schwinden*» verbunden. Stark ausgetrocknetes Holz nimmt aus feuchter Luft wieder Wasser auf, wobei ebenfalls

Volumen- und Formveränderungen beobachtet werden können. Man nennt diesen Vorgang das *Quellen*. Bei wechselnder Luftfeuchtigkeit kommt das Holz niemals vollkommen zur Ruhe, es *arbeitet*.

Das Arbeiten ist eine der unangenehmsten Eigenschaften des Holzes, auf deren Bekämpfung der Handwerker viel Scharfsinn und Sachkenntnis verwenden muss.

Der Schwindungsbetrag hängt von der Holzart, dem Standort, dem Baumteil, der Art der Lagerung und Austrocknung und namentlich auch vom Zerkleinerungsgrad des Holzes ab. Je schwerer das Holz, desto grösser ist bei der gleichen Holzart der Schwindungs-

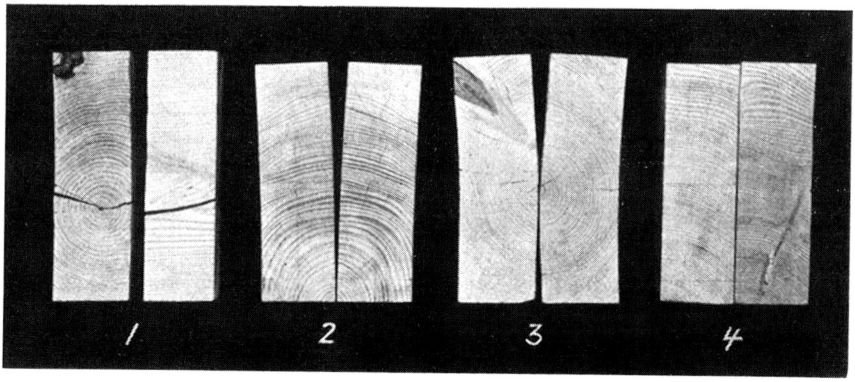

Einfluss des Schwindens bei verschieden aus dem Stamm ausgeschnittenen Bohlen neuzeitlicher Holzkonstruktionen.

1: Nicht markfreier Querschnitt, reisst radial. 2: Viertel- oder Kreuzholz; verzieht sich rhombisch. 3: Halbholz; wird aussen „hohl“, „schüsselt“ stark. 4: Riftholz (radiale Schnittflächen); ändert die Dicke gleichmässig, „schüsselt“ nicht. Phot. Jenny-Dürst.

betrag. Unsere wichtigsten Holzarten schwinden im Durchschnitt nach *Nördlinger, R. Hartig* u. a. vom Frischgewicht bis zum Lufttrockengewicht in der Längsrichtung 0,1—0,5 %, im Radius 1,1—5,6 % und in der Tangente 1,8—10,5 %.

Diese Zahlen wurden an kleinen Versuchskörpern ermittelt. Grosse Körper schwinden weniger, besonders, wenn die Austrocknung langsam vor sich geht.

Da die Schwindung am grössten in der Richtung der Jahrringe ist, reisst eine frische Stammscheibe schon nach wenigen Stunden von der Rinde bis zum Mark auf, wenn man sie in ein geheiztes Zimmer bringt. Aus dem gleichen Grunde entstehen an entrindeten Stämmen von der Mantelfläche her Längsrisse, die, entsprechend dem Faserverlauf, gewöhnlich spiralig sich mehrere Meter weit den Stamm hinaufziehen. Diese *Luftrisse* können tief in den Stamm vordringen und den Gebrauchswert des Holzes stark beeinträchtigen. Auch können hier mit dem Regenwasser Pilzsporen in das Innere des Stammes geführt werden und dessen rasche Zerstörung verursachen. Je feiner das Holz ist, desto zahlreicher, aber auch feiner und unschädlicher sind diese Schwindungsrisse. Die Art des Aufreissens hängt aber in

Querschnitt durch einen Tannenstamm mit starken Luftrissen. Der entrindete Stamm lag an der Sonne. Die Verfärbung und Zersetzung des Holzes durch Pilze, die mit dem Regenwasser durch die Spalten in das Innere des Stammes gelangt sind, hat bereits begonnen.

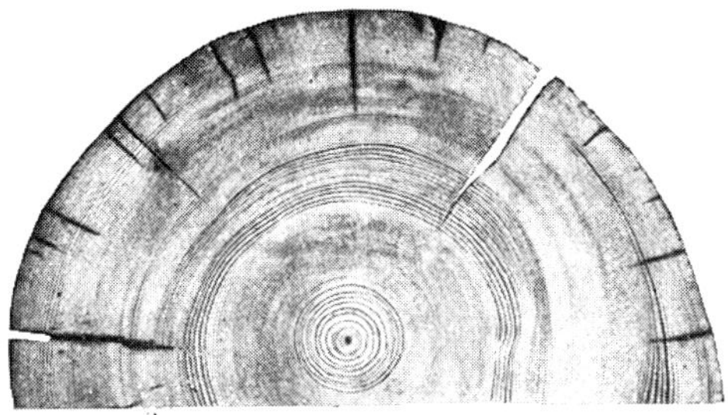

hohem Masse auch vom Austrocknungsverlauf ab. Je langsamer die Austrocknung namentlich beim Beginn verläuft, desto weniger entstehen gefährliche Risse.

Die Gefahr der Bildung starker Luftrisse ist besonders bei Sommerfällung gross. Die Austrocknung verläuft hier sehr rasch, wenn das Holz sofort nach der Fällung geschält wird und an die Sonne zu liegen kommt. Da sich im Sommer die Rinde glatt vom Stamm ablösen lässt, sollte man die Stämme mindestens einige Tage in der Rinde liegen lassen, so dass sie einen Teil ihrer Feuchtigkeit vor dem Entrinden abgeben können. Noch wirksamer kann eine gleichmässige, gefahrlose Austrocknung erreicht werden, wenn man die Stämme nicht unmittelbar nach der Fällung entastet, sondern einige Tage in der Krone liegen lässt. Föhren, Lärchen und Laubhölzer sollen überhaupt nicht im Walde entrindet werden.

Leider wird heute beim Hausbau auf diese Tatsachen viel zu wenig Rücksicht genommen. « Wenn in früheren Jahrhunderten ein Bauherr sich zum Hausbau entschloss, war eine seiner ersten Sorgen, sich ein gutes, gesundes Holz aus den benachbarten Waldungen selbst oder durch einen erfahrenen Baumeister auszusuchen, falls dies aber nicht angängig, es von ganz bestimmten, bewährten Bezugsquellen heranzuholen, es mindestens zwei Jahre an geschützter Stelle gut austrocknen zu lassen, inzwischen die Wände langsam und sorgfältig hochzumauern und die Holzbalken dann trocken einzubringen, die Balkenköpfe erst durch Birkenrindenumhüllung vor Fäulnis zu schützen und nur die Dachdeckung rasch auszuführen, damit der Regen abgehalten wurde und alles gut durchlüften und austrocknen konnte, ehe die Fussbodenriemen gelegt wurden, mit deren Vollendung und Anstrich dann das Haus fertig und trocken beziehbar war.

Heute vergehen zwischen Entschluss zum Hausbau und Beziehbarkeit kaum so viele Monate als früher Jahre. Das Holz wird frisch vom Holzhändler bezogen, ohne Gewissheit über Bezugsquelle, Güte und Trockenheit, ja es wird manchmal erst nach der Bestellung aus dem Wasser gezogen ... » (Aus *G. Lang:* « Das Holz als Baustoff ».)

2. Kernrisse

Kernrisse, auch Markrisse, Spiegelklüfte oder Strahlenrisse heissen die vom Mark ausgehenden radialen Risse, die gewöhnlich schon kurz nach der Fällung auftreten und in der Regel nicht bis zur Mantel-

230jährige Fichte mit sogen. Fischohren (spiralig verlaufende Radialrisse im Holzkörper, die den Nutzwert des Stammes stark beeinträchtigen)

fläche reichen. Auch am stehenden Baum kommen bereits Kernrisse vor. So bestehen z. B. bei alten Lärchen am Stammgrund oft stark klaffende Kernrisse, die mit Harz ausgefüllt sind.

Bei überalten Fichten und Tannen kommen häufig weit hinauf reichende, starke Kernrisse vor, die infolge des meist spiraligen Verlaufs der Fasern beim Schneiden der Stämme als schuppige Ablösungen (sog. Fischohren) zum Vorschein kommen und die Bretter stark entwerten.

3. Ringschäle, Kernschäle

Diese Risse bestehen in einer Trennung der innern Holzlagen von den äussern und werden der Wirkung des Windes, dem Schwinden und dem Frost zugeschrieben. Sie bilden sich an den meisten erst in höherem Alter freigestellten Bäumen, besonders an Eichen, Tannen, Fichten, Pappeln und Weiden. Bei Bäumen, die nach jahrzehntelanger Unterdrückung plötzlich freigestellt werden, löst sich der enge Kern leicht von dem später gebildeten Holz (Kernschäle).

Eine andere Form der Ringschäle kommt besonders an Eichen vor und ist dort auf die Wirkung des Pilzes *Trametes Pini* zurückzuführen. Das Mycel dieses Pilzes wächst im luftreichen Frühholz und in einzelnen, locker gebauten Jahrringen. Auch andere Pilze können eine Auflösung des Holzes in peripherischer und zum Teil gleichzeitig auch in radialer Richtung bewirken.

Durch weit den Stamm hinaufreichende Ringschäle werden die Bäume fast wertlos, weil sie beim Zerlegen in Bretter vollkommen auseinanderfallen. (Vgl. Abb. SS. 21 und 113, vgl. auch S. 20.)

4. Frostrisse

Frostrisse sind Längsrisse, die infolge von grosser Kälte im untersten Stammteil verschiedener Holzarten, besonders an Eiche, Ulme, Esche, Kastanie, Walnuss, seltener an Tanne entstehen und von der Rinde ausgehend mehr oder weniger tief in radialer Richtung in das Holz eindringen (Frostspalten, Kälterisse, Eisklüfte).

Für ihre Entstehung werden verschiedene Erklärungen gebracht. Die Risse bilden sich infolge starker örtlicher Spannungen, welche durch die Austrocknung des Stammes in tangentialer Richtung hervorgerufen werden. Diese Austrocknung kann zustandekommen entweder infolge des Gefrierens des Bodens bis in grosse Tiefe, wodurch die Wasseraufnahme verhindert wird oder, nach *R. Hartig*, indem die Zellwandungen durch Gefrieren einen Teil ihres Imbibitionswassers verlieren. Dieses tritt in die Zellräume, wo es gefriert, ohne die Zelle zu sprengen, indem der Raum zur Ausdehnung gross genug ist. Die innern Holzschichten gefrieren weniger stark, so dass eine starke Spannungsdifferenz zwischen dem äussern und innern Holz entsteht, die in vielen Fällen zum Zerreissen führt. Nach einer andern Erklärung ist das Reissen einfach auf die ungleiche Kontraktion des Holzes infolge der Kälte zurückzuführen.

Die Frostrisse bilden sich stets zwischen zwei Wurzelanläufen, was von *Busse* auf die Wirkung des Windes zurückgeführt wird. Die meisten Frostrisse entstehen tatsächlich bei Wind, namentlich bei scharfem Ost- und Nordwind. Die Risse bilden sich gewöhnlich gegen Sonnenaufgang, wenn die Kälte am grössten ist, mit schussartigem Knall, und zwar meist auf der Ost-, Süd- oder Südwestseite des

Links: Ulme mit überwalltem und wieder aufgerissenem Frostriss.
Rechts oben: Frostrisse an einer Eiche. Durch Ueberwallung der Risse entstehen die Frostleisten.
Rechts unten: Ueberwallter Frostriss einer Weisstanne.

Stammes. Sie kommen besonders häufig auf nördlichen und östlichen Lagen, sowie auf feuchten bis nassen Böden vor, weil hier die Temperatur am tiefsten sinkt.

Bei Erwärmung des Stammes schliesst sich die Kluft wieder und überwallt von den Wundrändern her. An der grössern Breite des ersten Jahrringes nach dem Riss kann man das Jahr der Beschädigung erkennen. Meist reisst die Kluft in den folgenden Wintern wieder auf, oft aber reisst nur das Kernholz nach, während der elastischere Splint ganz bleibt.

Durch Bildung fortwährend neuer Ueberwallungsschichten entstehen die sogenannten *Frostleisten.*

Der Schaden besteht in einer starken Verminderung des Gebrauchswertes des Holzes und ist um so grösser, je weiter der Frostriss am Stamm hinaufreicht. Die Risse können mehrere Meter lang sein. Frostrissige Eichen sind immerhin noch als Spaltholz (z. B. Fassholz) zu gebrauchen.

Bisweilen treten infolge des Frostes auch noch tangentiale Sprünge auf, durch die das Holz sehr stark entwertet wird.

Die Frostrisse geben leicht Veranlassung zu Pilzinfektionen. Bei der Ulme kann jahrelang anhaltender Schleimfluss eintreten.

5. Hitzerisse

Hitzerisse an einer Fichte, entstanden im trockenen Sommer 1911.

Ueberwallter Hitzeriss einer Fichte. Durch den Riss gelangten Pilze in das Stamminnere und zerstörten den Stamm unter der vollkommenen und gesunden Ueberwallung.

Wenn in sehr heissen, trockenen Sommern, wie z. B. derjenige des Jahres 1911 einer war, sonst frische Waldböden austrocknen und der Wasservorrat im Baumstamm unter die kritische Grenze sinkt, dann können infolge der starken Schwindung, die das Holz beim Austrocknen in tangentialer Richtung erleidet, am Stamm mehrere Meter lange Risse entstehen, die in radialer Richtung tief in das Holz hineingehen. Solche Risse findet man häufig in 20—40jährigen Fichtenkulturen, und zwar reissen in erster Linie die rasch gewachsenen, dominierenden Stämme von 15—20 cm Brusthöhendurchmesser auf. Gewöhnlich entsteht nur *ein Riss,* und zwar im untern Stammteil, oft aber bilden sich zwei und drei Risse weiter oben, die, entsprechend dem gewundenen Faserverlauf, sich spiralig bis in etwa 6 m Höhe am Stamm hinaufziehen. Auf dem austretenden Harz siedeln sich Pilze an und färben den Riss und die Ueberwallungsstelle schwarz. Die Beschädigung wird oft irrtümlicherweise dem Blitz zugeschrieben.

Die meisten aufgerissenen Stämme sind im Innern von Pilzen angegriffen und als Nutzholz nicht mehr zu gebrauchen. Stämme mit Hitzerissen sollten daher so früh wie möglich aus den Beständen entfernt werden.[1]

6. Blitzbeschädigungen

Blitzschäden treten besonders häufig an Stämmen auf, die über das Kronendach des Bestandes hinausragen, wie Oberhölzer im Mittelwald, Ueberhaltstämme in Hochwaldbeständen. Nach *Stahls* Unter-

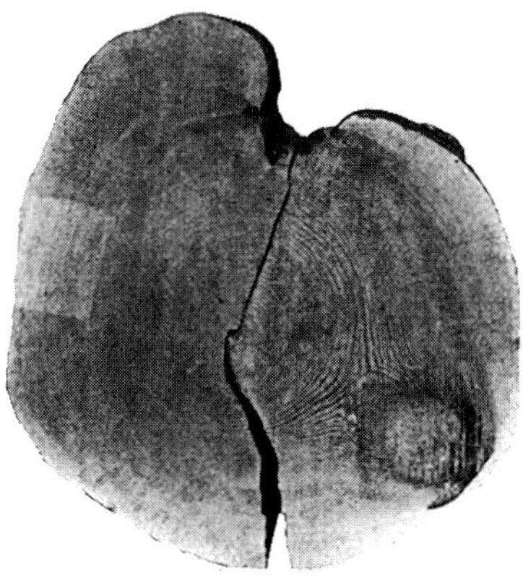

Querschnitt durch eine Föhre mit teilweise überwallter Blitzrinne.

suchungen[2] hängt das Verhalten der Bäume dem Blitz gegenüber zum grossen Teil von der Beschaffenheit der Rinde ab. Je langsamer die Benetzung des Stammes bei Gewitterregen fortschreitet, um so

[1] Vgl. auch : Dr. *Fankhauser,* « Hitzerisse », « Schweizerische Zeitschrift für Forstwesen ». 1912, S. 21. — *Moreillon :* « Epicéas sur pied fendus pendant la période de sécheresse ». « Journal forestier Suisse », 1929, S. 128.

[2] *Stahl, E. :* Die Blitzgefährdung der verschiedenen Baumarten, 1912.

eher werden die Stämme getroffen und um so stärker werden sie beschädigt. Eichen, Pappeln, Birnbäume, Ulmen, Weiden, Akazien, Eschen gehören zu den am meisten gefährdeten Laubhölzern, während die Buche, bei der das Regenwasser längs der Aeste und des Stammes in zusammenhängendem Strom abfliesst, weniger leicht getroffen wird. Unter den Nadelhölzern sind grosse Föhren, Tannen und Fichten sehr gefährdet.

Bei starken Entladungen können selbst sehr starke Bäume vollkommen zerschmettert werden. Meist bildet sich aber in der Rinde eine Rinne, die der ganzen Länge des astfreien Schaftes den Fasern entlang verläuft. Von dieser Rinne aus ist der Holzkörper in radialer Richtung gespalten, auch wenn äusserlich davon nichts sichtbar ist. Der Stamm ist dann zu Bretterwaren nicht mehr zu gebrauchen, indem er beim Schneiden vollkommen auseinanderfällt.

7. Schnee- und Sturmbeschädigungen

Beschädigungen durch *Schnee* kommen im Wald (abgesehen von Lawinenschaden) in zwei Formen vor, als *Schneebruch,* wenn grosse, auf den Kronen lagernde Schneemassen Aeste, Gipfel und ganze Bäume abbrechen, und als *Schneedruck,* wenn junge Stämme oder ganze Horste und Bestände zu Boden gedrückt werden. Am Hang können auch alte Bestände vom Schnee geworfen werden.

Infolge solcher Vorkommnisse werden viele Stämme zu Nutzholz untauglich oder liefern nur geringwertige Sortimente. In den Lücken verwildert der Boden, die Randstämme leiden unter Sonnenbestrahlung und einseitiger Entwicklung der Kronen. Oft stellen sich an den Rändern der Schneebruchlücken Borkenkäfer ein, und der Wind findet günstige Angriffspunkte.

Am meisten gefährdet sind reine, gleichalterige Bestände. Fichten-, Föhren- und Buchenbestände im Stangenholzalter leiden besonders stark unter Schnee (Bruch). Junge, dichtgeschlossene Fichten- und Buchenbestände werden niedergedrückt. In allen Fällen entstehen Verluste durch Beeinträchtigung der Holzqualität, wie Krummschäftigkeit, exzentrischer Wuchs, Harzgallen, Sonnenbrand.

Das beste Vorbeugungsmittel gegen Schneeschäden besteht in der Wahl der richtigen Holzarten an gefährdeten Oertlichkeiten und in einer zweckmässigen Bestandespflege. Gemischte Bestände leiden weniger als reine, ungleichalterige oder zum mindesten stufige weniger als gleichförmige. In gleichalterigen Beständen schützt die Behandlung nach dem Prinzip der Hochdurchforstung am besten vor Schneeschaden, weil sich bei zackigem Bestandesprofil keine zusammenhängende Schneedecke auf den Kronen bilden kann.

Bei *Sturmschäden* unterscheidet man ebenfalls zwei Formen, *Wurf* und *Bruch*. Im ersten Fall werden die Stämme entwurzelt, im zweiten gebrochen. Die Beschädigungen treten bald mehr vereinzelt, bald massenweise auf, gewöhnlich in Plätzen oder Gassen, ausgehend von ungeschützten Bestandesstellen. Eine Entwertung des Holzes findet bei Windwurf nur insofern statt, als die meisten Stämme vor Erreichung ihres grössten Wertes geerntet werden müssen und beim Auf-

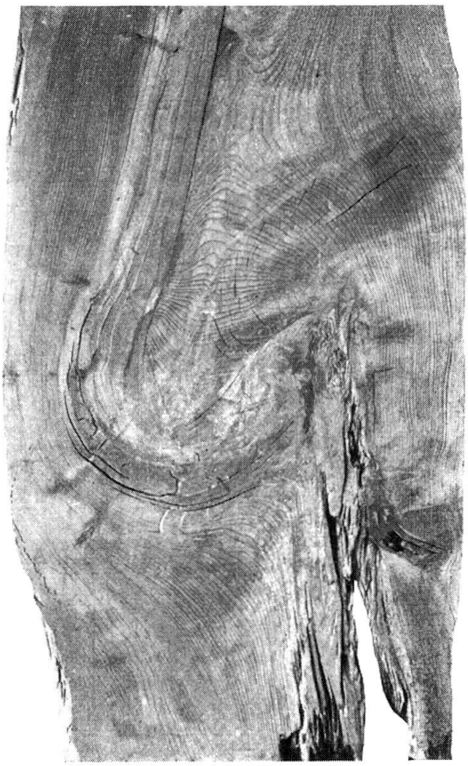

Weisstanne, die vor etwa 50 Jahren einen Gipfelbruch erlitten hat. Ein Seitenast hat sich aufgerichtet und zum Stamm entwickelt. Die Ueberwallung der Bruchstelle ist vollkommen, bildet aber eine Fehlstelle im Holz, um so mehr, als an der Bruchstelle holzzerstörende Pilze eingedrungen sind.

rüsten oft stark beschädigt werden, besonders durch Aufreissen, wenn der Wurzelstock abgeschnitten wird (vgl. S. 68). Bei Bruch dagegen entstehen grosse Verluste durch Beschädigung der Stämme.

Wenn durch Schneedruck, Wind oder infolge überreichen Zapfenanhanges nur der Gipfel abgebrochen wird, so lässt man diese Stämme gewöhnlich stehen. Es richtet sich dann in der Regel ein Seitenast auf und übernimmt die Funktion des Gipfels. Allmählich überwallt die bajonettartige Umbildung und der Stamm erscheint äusserlich vollkommen normal. Die Ueberwallung bildet aber dennoch eine Fehlstelle im Holz, wie obenstehende Abbildung erkennen lässt. Dazu kommt noch, dass oft holzzerstörende Pilze den Weg in das Innere des

Stammes finden, bevor die Ueberwallung zustandegekommen ist, so dass der Stamm unter der gesunden Ueberwallung zerstört werden kann.

An den Rändern der Sturmgassen werden viele Bäume über die Knickfestigkeit hinaus beansprucht ohne zu brechen und ohne zu stürzen. Es bilden sich dann an der auf Druck beanspruchten Seite,

Phot. Tanner.

Links: Ueberwallte Sturmknickungen einer Fichte.
Rechts: Weisstannenbrett mit überwallten Sturmknickungen.

gewöhnlich in Abständen von 0,30 bis 1,00 m und in einer Höhe von 2—10 m über Boden Querrisse, die äusserlich erst sichtbar werden, wenn nach jahrelanger Ueberwallung an den Rißstellen wulstige Verdickungen entstehen.[1]

[1] Vgl. *von Greyerz*, Aussergewöhnlicher Sturmschaden. « Schweizerische Zeitschrift für Forstwesen », 1925. S. 65. — Ferner *H. Burger :* Sturmschaden. Mitt. der Schweizerischen Centralanstalt für das forstliche Versuchswesen, XVII. Band, 2. Heft, 1932.

Diesen Querrissen muss die grösste Aufmerksamkeit geschenkt werden, indem solche Stämme, auch bei langjähriger Ueberwallung der Risse, ihre normale Festigkeit nicht wieder erreichen und bei der geringsten Belastung brechen können.

Beginnnende Ueberwallung einer Sturmknickung im Querschnitt.

Bei der Aufrüstung von Windfallhölzern und bei den spätern Schlaganzeichnungen in der Windfallzone oder am Rand derselben müssen daher sämtliche Stämme auf das Vorhandensein von Querrissen untersucht werden. Geknickte Stämme sind unnachsichtlich zu Brenn- oder Papierholz aufzurüsten. Für Schäden, die infolge der Nichtbeachtung dieser Regel entstehen, kann der Waldbesitzer unter Umständen haftbar gemacht werden. Da der Bast und die Rinde bei der Knickung in der Regel ganz bleiben, tritt gewöhnlich keine Pilzinfektion ein.

8. Rindenbrand (Sonnenbrand)

Querschnitt durch die auf Seite 57 abgebildete Fichte mit Sonnenbrand. Infolge der Ueberwallung, Rotholzbildung, exzentrischem Wuchs und Pilzinfektion ist der Stamm als Nutzholz untauglich geworden.

Der Rinden- oder Sonnenbrand besteht in einem platz- oder streifenweisen Absterben der Rinde am Schaft infolge von Sonnenbestrahlung. Sonnenbrand kommt namentlich an glattrindigen Bäumen

Sonnenbrand; *a* an einer Fichte, *b* Buche, *c* Buche, mit den Fruchtkörpern des in das Holz eingedrungenen Pilzes besetzt.

und an jüngern Stämmen auf der West-, Süd- und Ostseite der Bestände vor, und zwar an Stämmen, die noch keine Borke ausgebildet haben. Am meisten gefährdet sind Buche, dann Fichte, Weymouthskiefer, Bergahorn, Spitzahorn, Hagebuche und Linde, gelegentlich auch die Tanne, dagegen nicht die Holzarten, welche lichten Stand lieben, wie Eiche, Ulme, Birke, Kiefer und Lärche. Sonnenbrand tritt besonders an Bäumen auf, die plötzlich freigestellt worden sind, also längs von Absäumungen, Strassen-, Eisenbahn- und Leitungsaushieben, und zwar bis etwa 10 m in den Bestand hinein.

a

b

Querschnitte einer Buche, deren Rinde durch Sonnenbrand zerstört worden ist. Die Zersetzung des Holzes durch Pilze hat begonnen. Der Stamm wehrt sich gegen das Vordringen des Pilzes durch Bildung eines roten Kerns.

Zunächst stirbt die Oberhaut ab und verfärbt sich rötlich, dann hebt sich die Rinde schuppig und fällt stückweise ab. Das blossgelegte Holz trocknet aus, reisst auf und kann leicht durch eindringende Pilze zerstört werden.

Die technische Verwendbarkeit des Holzes wird durch Sonnenbrand stark vermindert. Während auf der bestrahlten Stammseite das Wachstum aufhört und das alte Holz zerstört wird, nimmt es auf der Schattenseite eher zu, wobei bei Nadelhölzern Rotholz gebildet wird. Oft sterben die Bäume ganz ab. Solche Stämme sind nur noch als Brennholz zu gebrauchen.

Bei der Buche geht die Zerstörung des Stammes sehr rasch vonstatten, da das Buchenholz wenig widerstandsfähig ist gegen Pilzangriffe. Der Stamm wehrt sich zunächst gegen den Pilz durch die Bildung von Schutzholz, doch wird dadurch die Zerstörung des Holzes nur etwas verzögert, nicht aufgehalten, wie aus den obenstehenden Abbildungen deutlich zu sehen ist.

IV. Holzfehler als Folge von Fehlern bei der Erziehung, Gewinnung, Lagerung und dem Transport des Holzes

1. Allgemeines

Das Verhältnis des Menschen zum Walde ist von Nützlichkeitserwägungen beherrscht. Den ersten Ansiedlern einer Gegend erscheint der Wald als ein grosses Hindernis, zu dessen Beseitigung sie unendlich viel Mühe und Arbeit aufwenden müssen. Mit zunehmender Bevölkerung gewinnt der Wald an Bedeutung als Jagd- und Weidgrund, als Lieferant von Bau- und Brennholz, Streue, Futter, Säften. Allmählich treten auch die Wohlfahrtswirkungen des Waldes in Erscheinung. Der Wald hat einen günstigen Einfluss auf das Klima einer Gegend, auf den Stand der Gewässer; er schützt den Boden vor Abrutschung. Der Wald wird daher vom Menschen ausgerottet, umgeformt, gehegt und gepflegt, je nach den in einer bestimmten Epoche vorherrschenden Bedürfnissen.

Im Vergleich zu den Einflüssen, die der Mensch auf den Waldbestand und Waldzustand ausübt, sind diejenigen aller andern Lebewesen und sogar der anorganischen Natur nahezu belanglos. Auch manche Schäden, die wir äussern Einwirkungen zuschreiben, wie Windbruch, Insektenkalamitäten, Feuer, sind oft direkt oder indirekt auf Eingriffe des Menschen zurückzuführen.

Wir haben indessen hier nur zu untersuchen, wie unter den gegebenen heutigen Verhältnissen die Erzeugung fehlerfreien Holzes gefördert und die Entstehung von Holzfehlern vermieden werden kann.

Der Fuhrmann, der sein Pferd an einem Baum anbindet, der Zapfensammler, der die Bäume mit Steigeisen erklettert, der Spaziergänger, der aus Uebermut die Stämme längs des Weges verletzt oder Buchstaben in die Rinde schneidet, die Verwaltung, die Verbottafeln, Wegweiser, Nisthöhlen, Stacheldrahtzäune an Bäumen befestigt, der Waldarbeiter, dem beim Fällen ein Stamm aufreisst, weil er nicht alles getan hat, was getan werden kann, um das Aufreissen zu verhindern, sie alle sind verantwortlich für die Verluste, die der Waldbesitzer und der Holzverbraucher infolge der entstandenen Stammverletzungen erleiden.

Lebende Bäume sind besonders zur Zeit der Safttätigkeit empfindlich gegen Stoss und Druck und daher sind Beschädigungen in dieser Zeit gefährlicher als solche während der Saftruhe. Jede Verletzung der Bildungsschicht, die sich zwischen der Rinde und dem

Holz befindet, verursacht eine Unregelmässigkeit im Faserverlauf, durch die die Festigkeit und Schönheit des Holzes an der betreffenden Stelle beeinträchtigt wird.

Das Holz, das in der Umgebung einer Verletzung der Rinde und des Kambiums durch Ueberwallung von den Wundrändern her entsteht, wird als *Wundholz* bezeichnet. Wird die Wunde nicht durch Sekretionen des Baumes oder durch Anstrich mit einem schützenden Mittel, wie Teer, Karbolineum, Farbe, gegen Infektion geschützt, so können holzzerstörende Pilze ins Innere des Stammes eindringen und die Holzsubstanz vernichten, oft auch unter einer vollkommenen Ueberwallung. Eine Verwachsung des auf einer Wunde gebildeten Holzes mit dem blossgelegten Holzkörper findet nicht statt, wenn bei

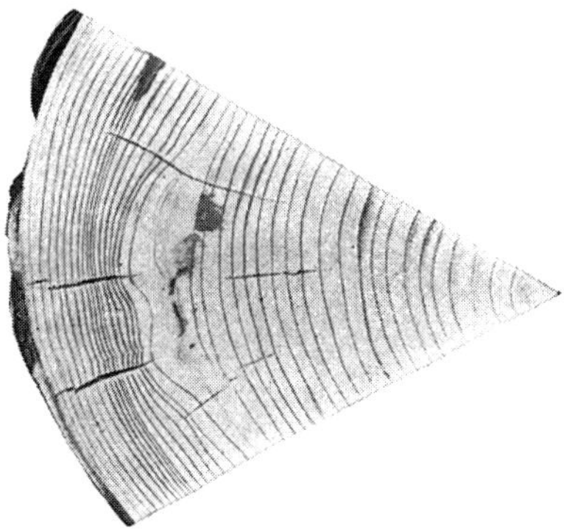

Gesunde Ueberwallung einer scheinbar unbedeutenden Verletzung eines Fichtenstammes. Die Ueberwallungsstelle bildet eine Fehlstelle im Holzkörper, die bei der Bearbeitung zum Vorschein kommt.

der Verletzung das Bildungsgewebe entfernt oder durch Eintrocknen zerstört worden ist. Die Schliessung der Wunde erfolgt dann lediglich von der Seite her, was Jahre lang dauern kann. Grössere Wunden sind besonders dann gefährlich, wenn das Kernholz blossgelegt wird, weil dieses von Pilzen leichter angegriffen wird als das Splintholz.

Bei den harzführenden Nadelhölzern wird die verletzte Stelle mehr oder weniger dadurch geschützt, dass das austretende Harz eine starre Kruste bildet. Ein weiterer Schutz der innern Holzschichten gegen Zersetzung besteht bei Föhren in der Verkienung des in der Umgebung gelegenen Splintes. Bei den Laubhölzern werden die Gefässe durch Gummiausscheidung verstopft, wodurch den Pilzen das Eindringen erschwert wird. Diese Schutzmittel sind aber sehr unvollkommen und namentlich bei Laubhölzern nur bei kleineren Verletzungen wirksam.

Kann sich durch eines der genannten Abwehrmittel ein Baum vor den Angriffen der Pilze schützen, so bleibt die verletzte Stelle doch eine Fehlstelle im Holzkörper, die bei der Verarbeitung wieder zum Vorschein kommt. Wenn daher stark verletzte Bäume aus waldbaulichen oder ästhetischen Gründen stehen bleiben, so ist dies vom Standpunkt des Holzverarbeiters aus betrachtet doch immer ein Fehler. Je vollkommener die Ueberwallung ist, desto grösser wird die Enttäuschung beim Zerschneiden des Stammes sein. Durch Gewährung eines Preisnachlasses für Schäden, die beim Kauf nicht sichtbar waren, wird dem Käufer übrigens nur ein kleiner Teil des entstandenen Schadens vergütet, indem er ausser dem Kaufpreis für das Holz noch Aufwendungen für den Transport, die Lagerung, das Schneiden und für Kapitalzinse hatte, für die keine Vergütung gewährt wird.

Links: Stammverletzungen durch Spaziergänger an einem Buchenstamm.
Rechts: Tanne, die zum Zwecke der Zapfengewinnung mittels Steigeisen bestiegen wurde. Noch vor der Ueberwallung der entstandenen Verletzungen haben die Pilze den Weg in das Innere des Stammes gefunden und ihr Zerstörungswerk begonnen.

Jede Forstverwaltung kann die Entstehung von Holzfehlern als Folge von Verletzungen einschränken, wenn sie nachstehende Winke beachtet:

Es empfiehlt sich, zerkratzte und zerschlagene Bäume längs Wegen und namentlich in Wegegabeln stehen zu lassen, als Prellbäume, durch die die weiter vom Wegrand entfernten Stämme geschützt werden. Dasselbe gilt von schadhaften Stämmen an Bestandesrändern.

Für Schäden, die infolge des Einschneidens von Buchstaben, des Anbindens von Tieren, des Feuermachens in der Nähe wertvoller Stämme, des Einschlagens von Aexten und Gerteln, des Herunterreissens von Aesten oder des Besteigens von Bäumen mit Steigeisen entstehen, sind die Fehlbaren haftbar zu machen.

Die Forsttaxatoren sind verantwortlich für den Schaden, der bei der Anlage zu tief gehender Reisserstriche beim Kluppieren entsteht. Vor Beginn der Bestandesaufnahmen sind die Kluppenführer auf die

Stammverletzungen durch zu tiefgehende Reisserstriche an Fichtenstangen.

Wirkung zu tief gehender Reisserstriche, besonders in Fichten-Stangenholzbeständen, aufmerksam zu machen.[1]

Bei Pflanzungen wurden früher oft in jedes Pflanzloch zwei Pflanzen gesetzt, sei es in der Annahme, dass doch ungefähr die

[1] Vgl. *Oppliger:* Stammbeschädigungen durch Reisserstriche. « Schweizerische Zeitschrift für Forstwesen », 1932, S. 59.

Hälfte der Pflanzen eingehen werde, sei es in der Absicht, später das schlechtere Exemplar zu entfernen. Die Erfahrung hat aber gezeigt, dass diese Ueberlegungen nicht richtig sind. Die Bedingungen

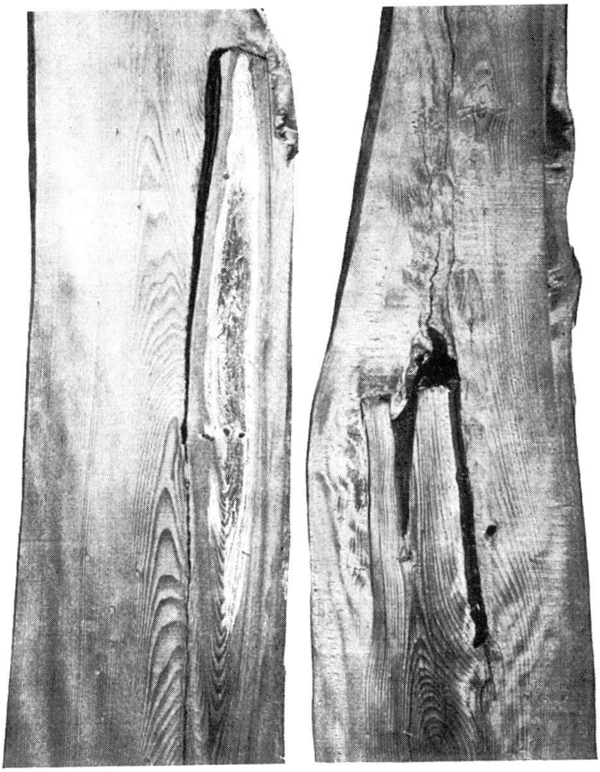

Ueberwallung eines abgeschnittenen Zwiesels. Durch die Ueberwallung und die infolge der Stammverletzung eingetretene Fäulnis wurde das ganze untere Stammstück entwertet.

sind in einem Pflanzloch entweder günstig oder ungünstig. Im ersten Fall wachsen in der Regel beide Pflanzen an, im letztern gehen beide zugrunde. Da die Säuberungen oft nicht oder nicht rechtzeitig genug ausgeführt werden, entstehen auf diese Weise zahlreiche Zwiesel. Wird einer der beiden Stämme einige Jahre nach der Kultur abgeschnitten, so darf man hoffen, dass die Wunde ohne Fäulnis überwallt. Aber sehr oft kommt man mit dem Entfernen des Zwiesels zu spät und der unterste, wertvollste Stammabschnitt wird durch eine hässliche Ueberwallungsstelle oder durch Fäulnis entwertet.

Als Beispiel vorbildlicher Fürsorge zur Verhütung von Beschädigungen am Bestand möge untenstehende Abbildung dienen, die der Waadtländische Forstverein als Postkarte herausgegeben hat. Die stehenden Stämme werden gegen die schädlichen Einwirkungen eines Holzerfeuers durch aufgehängte Aeste geschützt.

Phot. A. Barbey.

Waldarbeiter im Kanton Waadt schützen die um das Feuer stehenden Stämme durch aufgehängte Aeste.

2. Holzfällung

Bei der Gewinnung und beim Transport des Holzes sind starke Kräfte im Spiel, die leicht zu Verletzungen des stehenbleibenden und des gefällten Holzes führen. Man kann nach dem Aufwand an Sorgfalt bei der Gewinnung, dem Transport und der Lagerung des Holzes geradezu die Entwicklungsstufe bestimmen, auf der ein Forstbetrieb steht.

Beschädigungen am Jungwuchs, an Wurzelanläufen und Schäften können bei der Fällung und beim Transport grosser Stämme nicht immer ganz vermieden werden. Je steiler die Hänge sind und je weiter auseinander die Wege liegen, desto grösser sind die Gefahren für das stehende und gefällte Holz, auch bei Beachtung aller Regeln der Kunst der Holzfällerei und des Holztransportes.

Wenn aber diese Künste beherrscht werden und alle Organe des Dienstes der Vermeidung von Verlusten ihre volle Aufmerksamkeit schenken, so können doch sehr viele Beschädigungen verhütet werden, die bei geringerer Aufmerksamkeit und Sachkenntnis zu bedeutenden Verlusten führen müssten.

Wichtig ist zunächst die *Art der Vergebung* der Arbeiten. Bei Ausführung durch die Verwaltung wird in der Regel mehr Sorgfalt

Bequeme, aber verlustbringende Holzerei.

Vorbildliche Holzhauerei. Die Wurzelanläufe werden vor der Anlage der Fall-Kube heruntergehauen.

Phot. H. Leibundgut.

aufgewendet als bei Ausführung durch den Käufer, bei Taglohnarbeit, unter Aufsicht tüchtiger Förster oder Vorarbeiter, mehr als bei Akkordarbeit. Indessen wird in der Forstwirtschaft die Akkordarbeit die Regel bilden müssen und die Qualität der Arbeit immer sehr von der Eignung des einzelnen Arbeiters abhängen.

Durch die Heranbildung eines zuverlässigen, gut ausgebildeten und energischen untern Forstpersonals und die Gewährung angemessener Löhne werden die Interessen des Waldbesitzers am besten gewahrt.

Vor der Fällung besichtigt der Holzermeister die ganze Anzeichnung, um die Reihenfolge der Fällungen so bestimmen zu können, dass möglichst wenig Schaden entsteht. Die Fallrichtung wird für jeden einzelnen Stamm vor dem Anschneiden genau erkundet. Die geeignetste Fallrichtung ist diejenige, bei welcher der zu fällende Stamm selber nicht zu Schaden kommt, keine andern Stämme streift, den Jungwuchs am wenigsten beschädigt und am leichtesten an den Abfuhrweg gerückt werden kann.

Geübte Waldarbeiter sind imstande, die Bäume zu fällen, ohne am Jungwuchs nennenswerten Schäden anzurichten. Am meisten gefährdet sind junge Föhren und Lärchen, während Laubhölzer, Fichten und Tannen Schäden leicht und rasch ausheilen.

Wenn die Krone des zu fällenden Stammes wertvollen Jungwuchs zu beschädigen droht, muss zur *stehenden Entastung* geschritten werden. In manchen Gegenden besteht für das stehende Entasten eine so grosse Vorliebe, dass selbst im Privatwald sämtliche Stämme entastet werden. Wenn diese Arbeit auch nicht viel teurer zu stehen kommt als das Asten der gefällten Bäume, nämlich auf etwa Fr. 1 bis Fr. 3 pro Stamm oder zirka Fr. 0,50 pro Kubikmeter, so ist die Arbeit am stehenden Baum doch mühsamer und gefährlicher als am gefällten. Ein entschiedener Nachteil der stehenden Entastung besteht darin, dass die geasteten Bäume sehr schwer fallen, besonders wenn auch noch der Gipfel mit den obersten Astquirlen abgeschnitten wird, was unterlassen werden sollte. Beim Auftreffen auf Stöcke, Steine oder Geländerippen brechen entastete Stämme leicht. In der Fallrichtung liegende Hindernisse müssen daher beseitigt oder mit Aesten zugedeckt werden. Entastete Bäume sind stets bergwärts zu fällen, und es soll überhaupt nur entastet werden, wenn dadurch Vorteile zu erreichen sind. Das dürfte selbst im Plenterwald kaum bei 10 % der Bäume der Fall sein. Beim stehend Asten ist schliesslich noch zu beachten, dass die Aeste nicht in ganzen Paketen abgeworfen werden, sondern einzeln, mit der Schnittfläche voraus.

Steht der zu fällende Stamm vertikal, ist seine Krone allseitig gleichmässig ausgebildet und nicht an diejenige anderer Bäume angelehnt, so kann ein auf dem Stock gesunder Stamm von geübten Holzhauern genau in die gewünschte Richtung gefällt werden, indem die Fallkerbe senkrecht zur Fallrichtung angelegt und auf der entgegengesetzten Seite der Schnitt mit der Säge genau parallel zur Richtung der Fallkerbe geführt wird. Bei schiefstehenden, angelehnten oder ungleichmässig belasteten Bäumen kann durch entsprechendes Vorsägen die Fallrichtung korrigiert werden.

Beim Fällen von Stämmen, die über Felsen herunter oder auf Leitungen, Wege, Eisenbahnen zu fallen drohen, wird in grösserer Höhe am Stamm ein Seil, am besten mit Flaschenzug, befestigt und der Baum nach der gewünschten Richtung hin gezogen. Seile werden mit Vorteil auch in stark rotfaulen Beständen verwendet.

In manchen Gegenden besteht die Meinung, dass der Sägeschnitt höher angelegt werden müsse als die Fallkerbe. Diese Meinung ist aber irrig, obwohl sie auch in Lehrbüchern vertreten wird. Bei dieser Fallweise entstehen unnötige Holzverluste und unschöne Schnittflächen.

Soll am Steilhang der Schnitt horizontal oder parallel zur Bodenoberfläche geführt werden? Beide Verfahren werden angewendet, doch ist das Schneiden senkrecht zur Stammachse vorzuziehen, weil

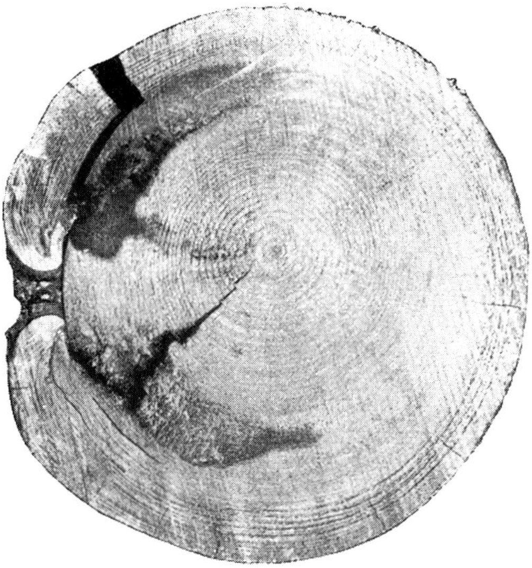

Stammverletzung durch Streifen beim Fällen. Unter der vollkommenen Ueberwallung schreitet die Fäulnis fort.

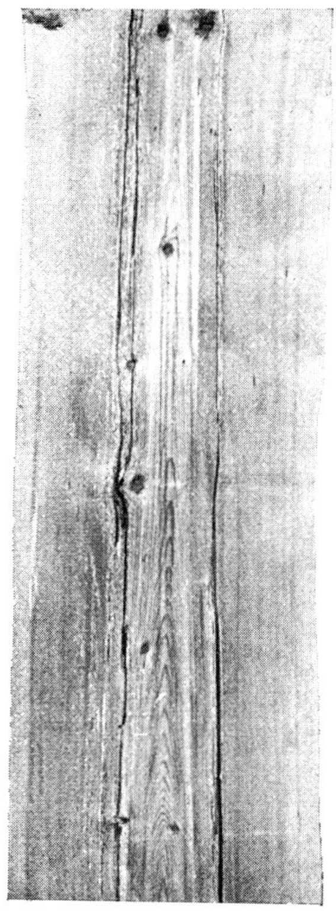

Rechts: Faules Brett aus einem äusserlich vollkommen normal erscheinenden Fichtenstamm. Die Fäulnis rührt von einer Streifwunde her.

nur so jede beliebige Fallrichtung gewählt werden kann. Vor der Anlage der Fallkerbe werden die Wurzelanläufe heruntergeschnitten, so dass der Stamm am untern Ende eine zylindrische oder leicht konische Form erhält. Dann wird die Fallkerbe angelegt, wobei man auf dem durch das Herunterschneiden der Wurzelanläufe geschaffenen Operationstisch mit Keilen ebensogut hantieren kann, wie wenn der Stamm auf vollkommen ebenem Boden stehen würde. Dem geringfügigen Verlust an Holzmasse steht bei diesem Verfahren der Vorteil der gefälligeren Stammform gegenüber, die auch gestattet, die Stämme leichter zu rücken, zu verladen und zu lagern, als Stämme mit schiefer Schnittfläche und hervorstehenden Wurzelanläufen.[1]

Sehr schlimme Schäden verursacht das *Streifen* fallender Stämme an stehenden Bäumen, wobei gewöhnlich die Rinde auf eine längere Strecke vollkommen weggerissen wird. Die Verletzung überwallt allerdings im Laufe der Zeit von der Seite her, doch bleibt der Stamm minderwertig, auch wenn keine Pilzinfektion stattgefunden hat. In der Regel finden die Pilze sehr bald den Weg ins Innere des Stammes und setzen ihr Zerstörungswerk auch unter der Ueberwallung fort. Derart verletzte Stämme sollten daher in der Regel sofort gefällt werden.

Bedeutende Verluste entstehen ferner durch das *Aufreissen* einseitig belasteter Bäume beim Fällen. Um dies zu vermeiden, muss die Fallkerbe, die normalerweise etwa den vierten bis fünften Teil des Stammdurchmessers einnimmt, tiefer in den Stamm getrieben werden. Besonders leicht reissen schiefstehende und mit dem Wurzelteller geworfene Bäume auf. Die dadurch entstehenden, oft sehr bedeutenden Verluste können vermieden werden durch Anwendung einer Würgbandage.[2]

Wenn keine solche zur Hand ist, kann das Aufreissen auch durch Anlegen und straffes Anspannen einer Kette nahe beim Schnitt verhindert werden, während das Unterlegen von Klötzen den Zweck nicht immer erfüllt.

3. Holztransport

Wir berücksichtigen hier nur den Transport zu Lande, indem Trift und Holzflösserei in der Schweiz heute nur noch eine ganz untergeordnete Rolle spielen.

Der Holztransport zerfällt gewöhnlich in zwei Etappen, in das *Rücken,* das ist der Transport aus dem Schlag bis an die Wege oder Lagerplätze und in die *Abfuhr* aus dem Walde. Rücken und Abführen erfolgen entweder durch Gleitenlassen des Holzes auf geneigtem Boden oder durch Schleifen mit oder ohne Schlitten, Schlepphauben usw., oder auf Wagen, unter Verwendung menschlicher, tierischer oder motorischer Kräfte.

Beim Transport des Holzes entstehen sehr leicht Beschädigungen, und zwar sowohl am gerüsteten Holz als auch am bleibenden Bestand. Je kürzer und leichter die zu transportierenden Bäume oder Baum-

---

[1] *H. Biolley:* Procédés pratiques de l'exploitation des bois. « Journal forestier Suisse », 1927, S. 149.

[2] Vgl. *Holzmarkt* (Solothurn), vom 4. Dezember 1930 und Prof. *L. Fabricius,* « Forstwissenschaftliches Centralblatt », 1930, S. 156

Würgbandage der Firma Clausnitzer in München, die sich als Mittel gegen das Aufreissen von Stämmen beim Fällen, besonders in Windfallflächen vorzüglich bewährt hat.

teile, je lichter die Bestände und je weniger steil die Hänge sind, um so geringer ist der entstehende Schaden. Dieser kann bestehen einerseits im Zerschlagen der Stirnseiten der Nutzhölzer und im Aufreissen der Mantelflächen, anderseits im Verletzen stehender Bäume durch Anschlagen oder Streifen und im Niedertreten des Jungwuchses.

Die Grösse des Schadens hängt sehr von der Jahreszeit ab. Im Winter, besonders bei Schneebedeckung, geht das Rücken leicht vonstatten, die Wurzeln und Stammanläufe sind durch den Schnee geschützt und die Rinde haftet zu dieser Zeit fest am Holz. Die Verletzungen sind dann viel geringfügiger und heilen auch leichter als zu andern Jahreszeiten. Am schwersten sind die Beschädigungen im Frühjahr und Sommer, wenn die Rinde sich leicht vom Stamme löst und die Wurzeln ungeschützt an der Oberfläche liegen.

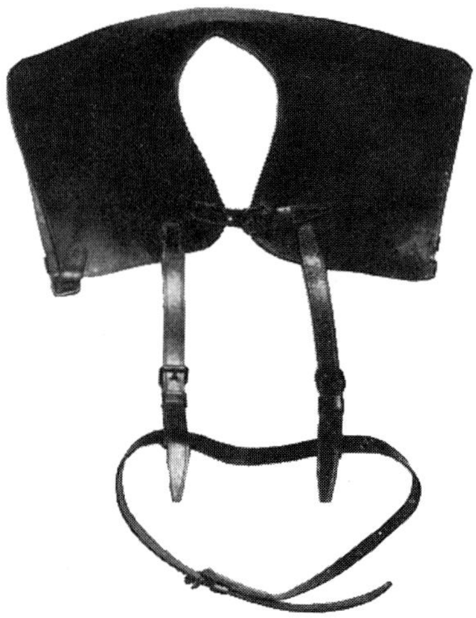

Lederschutzkragen zum Schutze der Arbeiter, welche die Stangen aus den Beständen zu tragen haben.

Besonders empfindlich sind Fichtenbestände, namentlich im Stangenholzalter, indem die Stammzahl solcher Bestände noch sehr hoch und die Borke noch schwach entwickelt ist. Das Rücken sollte hier stets in Regie erfolgen.

Durch Unterlegen von Rollen und kräftigem Zugreifen mit Sparren durch die Begleitmannschaft muss das Streifen der zu schleifenden Stämme an den Wurzelanläufen möglichst verhindert werden. Stangen, die von 4—6 Mann noch getragen werden können, müssen getragen werden. Dazu sind Tragzangen zu empfehlen. Wird das Tragen auf der Schulter vorgezogen, so können Lederschutzkragen gute Dienste leisten.

In neuerer Zeit wird für das Rücken immer häufiger motorischer Zug empfohlen. Diese Zugart hat beim Kahlschlag — und namentlich beim reinen Exploitationsbetrieb — grosse Vorzüge. Bei feinerer Wirtschaft, mit dezentralisierter Nutzungsweise und Naturverjüngung aber ist der tierische Zug, besonders die Verwendung von Ochsen oder ruhigen Pferden, dem Traktor und Raupenschlepper unbedingt vorzuziehen. Der Zug ist elastischer, die Tiere bleiben sofort stehen, sobald der zu schleifende Stamm an ein Hindernis stösst, während der Motor nicht so rasch abgestellt werden kann.

Auf ebenem oder sanft geneigtem Gelände verwendet man zum Rücken des zugeschnittenen Brennholzes leichte Schlitten oder Karren, während das Nutzholz und unzerschnittenes Brennholz geschleift wird. Beim Rücken schwerer Stämme sollen Seile, Rollen und Flaschenzüge zur Hand sein, um durch indirekten Zug den alten Bestand und die Verjüngung besser schützen zu können. Eine gut erprobte Ausrüstung derartiger Hilfswerkzeuge wird von der Firma *Aebi & Co.* in Zürich unter dem Namen « *Raco* » vertrieben.

Holzschleifeinrichtung „Raco“ der Firma Aebi & Co. in Zürich.

Das Rücken wird ferner ausserordentlich erleichtert und der durch das Rücken entstehende Schaden auf ein Mindestmass beschränkt, wenn man die Wurzelanläufe vor dem Fällen herunterhaut und dem Stammende eine leicht konische Form gibt, wie dies auf Seite 65 gezeigt worden ist. Vielerorts benützt man sogenannte *Prügelschuhe,* die unter die Stirnseite der Stämme gelegt werden, um das Aufreissen des Bodens zu verhindern. In neuester Zeit werden zum gleichen Zweck *Schlepphauben* aus glatten, auf der innern Seite armierten Eisenblechtrichtern hergestellt, die, über das vordere Stammende gestülpt, das Schleifen ausserordentlich erleichtern.[1]

---

[1] Diese Schlepphauben werden in drei Grössen geliefert, nämlich: I. 60 cm Oeffnung, Gewicht ca. 48 kg; II. 80 cm Oeffnung, Gewicht ca. 78 kg; III. 100 cm Oeffnung, Gewicht ca. 117 kg. Vgl. auch « Holzmarkt » (Solothurn) vom 28. August 1930.

Andere Mittel zum Rücken sind hohe Zweiradkarren mit Greifzange, mittelst welcher die Stämme in der Nähe des Schwerpunktes gefasst und zwischen den Rädern aufgehängt werden, indem man die lange Deichsel als Hebelarm benützt. Auch niedrige Karren mit breiten Rädern haben sich gut bewährt, besonders in ältern, stammärmern Beständen, während in hohem Jungwuchs und in allen Beständen mit grosser Stammzahl das Schleifen vorzuziehen ist. Fliegende Geleise

Baumschlepphaube „Endlich".

mit niederen Rollwagen sind zum Rücken ganz schwerer Stämme, namentlich auf sehr weichem Boden, zu empfehlen.

Am *Steilhang* entsteht durch das Abgleiten (Reisten) gefällter und ausgeasteter Stämme grosser Schaden am bleibenden Bestand, am Jungwuchs und am transportierten Holz selbst, indem die Stirnseiten zerschlagen und die Mantelflächen aufgerissen werden. Steine verkeilen sich in den Stirnflächen, so dass von jedem Stamm oben und unten eine 5—10 cm dicke Scheibe abgeschnitten werden muss, bevor man ihn auf das Gatter bringen darf.

Grösser noch ist der Schaden, der durch die gereisteten Stämme

Phot. H. Tanner.

Beim Reisten an der Stirnseite und an der Mantelfläche stark beschädigter Stamm.

In einem Wildbach getriftete Stämme, die nur noch als Brennholz verwendet werden können.

am bleibenden Bestand verursacht wird durch Anschlagen und Streifen, besonders bei Sommerfällung.[1]

Eine ausgezeichnete, aber leider noch viel zu wenig bekannte und angewandte Methode zur Verhütung von Verlusten beim Reisten

Phot. H. Tanner.

Verletzter Stamm am Rande eines Reistzuges.

ist das *Abseilen* der Stämme nach Oberförster *Müller* in Biel.[2] Die Werkzeuge, die dabei verwendet werden, nämlich ein Seil, eine Holzschraube mit aufklappbarer Oese, ein Holzbohrer zur Befestigung der Schraube an der Stirnseite des abzuseilenden Stammes und eine Klemmzange zum Halten des Seiles während des Gleitens, sowie das Abseilen selbst, sind in den Abbildungen Seiten 75 und 76 zu sehen.

---

[1] Dr. *T. Zöhrer:* Die Schäden durch Holzrücken im Hochgebirge. « Forstwissenschaftliches Centralblatt », 1931, S. 481.

[2] « Schweizerische Zeitschrift für Forstwesen », 1905, S. 6.

Schliesslich ist hier noch ein sehr einfaches Mittel zur Verhütung von Verletzungen stehender Stämme beim Rücken und Reisten des Stammholzes zu erwähnen, das in den Waldungen von Dr. *Barbey* im Kanton Waadt angewandt wird. Das Astreisig, das dort sonst

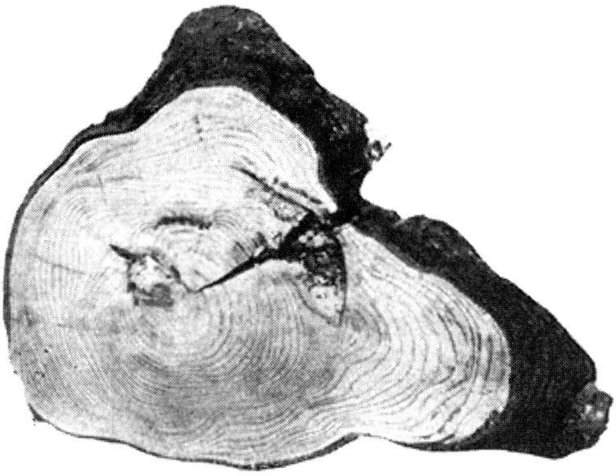

Stockscheibe von einer durch Reisten verletzten Fichte mit überwallter Wunde, von der aus die Fäulnis fortschreitet.

keine Verwendung findet, wird an der obern Seite wertvoller, gefährdeter Bäume auf Haufen gelegt, wodurch diese gegen das Anschlagen der zu reistenden Stämme geschützt sind. (Vgl. Abb. S. 78.)

Geräte zum Abseilen des Holzes am steilen Hang.

Von der Grösse der bei gleitenden Stämmen auftretenden Kräfte gibt Abbildung S. 77 eine Vorstellung, die eine von einer gleitenden Buche durchschlagene grosse Weisstanne zeigt.

In Ländern mit hochentwickelter Forstwirtschaft hat sich in den letzten Jahrzehnten der Uebergang von den roheren zu den feineren

Das Abseilen der Stämme am steilen Hang (Stadtwaldung Biel).

Phot. Schätzle.

Von einer gleitenden Buche durchschlagene Weisstanne.

Bringungsmethoden allmählich vollzogen. Auf der untersten Stufe des forstlichen Transportwesens steht das Reisten, bei dem grosse Verluste am geschlagenen Holz und Beschädigungen am Bestand und Boden nicht zu vermeiden sind. Auf der höchsten Stufe steht man dort, wo die Waldungen durch Fahrwege aufgeschlossen sind, die zu allen Jahreszeiten, bei Tag und Nacht und für jedermann begehbar und fahrbar sind und gestatten, auch die schwachen Sortimente zu nutzen und unbeschädigt zu Tal zu bringen, die Bestände zu pflegen und damit die Produktion zu heben.

Besser als mit Worten wird die Bedeutung des Wegebaues für die Gebirgsforstwirtschaft durch den auf Seite 79 abgebildeten Plan eines Teiles der Gemeindewaldungen von *Näfels* im Kanton Glarus beleuchtet. Man erkennt auf diesem Plan eine Reihe parallel verlaufender Reistzüge, auf denen bis vor wenigen Jahren das Holz zu Tal

Phot. Dr. A. Barbey.

Durch Zusammentragen des Reisigs an Haufen auf die obere Seite der wertvollen Bäume werden diese gegen Verletzungen durch gleitende Stämme geschützt. (Kanton Waadt.)

befördert worden ist. Die kahle, unproduktive Fläche dieser Züge ist sehr beträchtlich. Von einer intensiven Pflege der Bestände konnte infolge der grossen Steilheit des Geländes keine Rede sein. Die Gemeinde Näfels hat dann in den Jahren nach dem grossen Krieg, auf Initiative und nach dem Projekt des Kantonsforstamtes, mit Kantons- und Bundesunterstützung als Notstandsarbeit eine Strasse gebaut, durch die der Wald und das dahinter liegende Alptal in idealer Weise erschlossen worden ist. Die Gemeinde hat die Reistzüge zum Teil aufgeforstet, so dass die ehemals zerkratzten Hänge bald wieder mit geschlossenen, leicht zu bewirtschaftenden und ertragreichen Beständen bedeckt sein werden.

4. Aufrüstung und Sortierung

Durch das Aufrüsten und Sortieren des Holzes soll der Verkauf erleichtert und der Gebrauchswert voll zur Geltung gebracht werden. Diese Arbeiten werden hier besprochen, weil bei unzweckmässiger Ausführung Verluste an Holzmasse und Wert entstehen und Stämme oder Stammteile in die Abfälle gelangen, die nach ihrer Dimension und Qualität zu weiterer Verarbeitung geeignet wären.

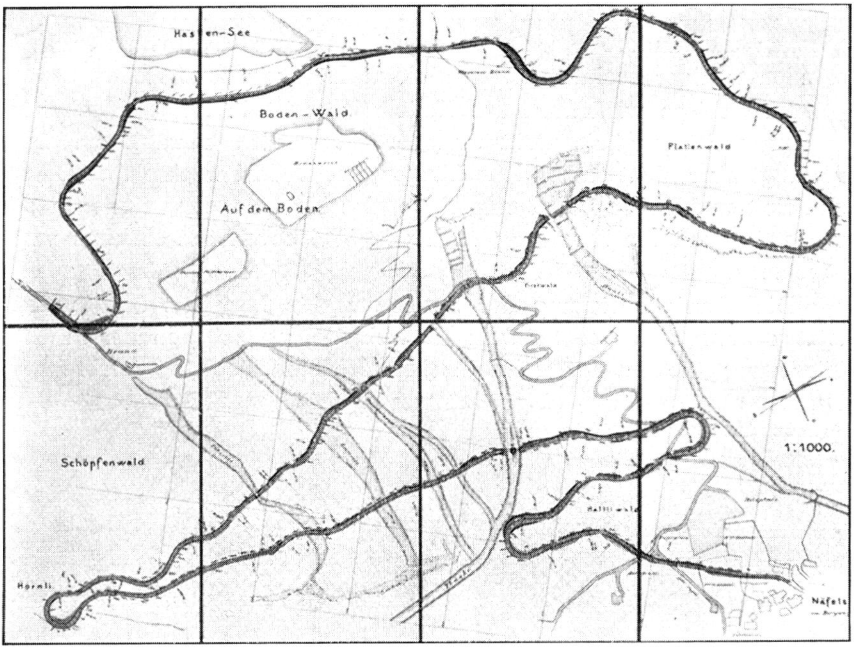

Durch den Bau der Oberseethalstrasse bei Näfels (Kanton Glarus, wurden die Gemeindewaldungen für eine intensive Bewirtschaftung erschlossen und die beträchtlichen Flächen der alten Reistzüge in produktive Waldflächen verwandelt.

Als allgemeine Regel gilt, dass möglichst viel Nutzholz aus dem Schlagergebnis auszuscheiden ist. Es soll namentlich kein nutzholztaugliches Holz zu Brennholz verwendet werden, denn das Brennholz ist als ein Abfallprodukt der Forstwirtschaft zu betrachten. Gesunde Fichtenprügel sollten wenn irgend möglich als Papierholz, nicht als Brennholz verwendet werden, selbst wenn dafür kein höherer Preis zu erzielen ist, indem jeder Ster Papierholz, den unser Wald nicht liefert, vom Ausland bezogen werden muss.

Verluste entstehen ferner durch unzweckmässige Ablängung des Nutzholzes. Fichte und Tanne sind als Langholz am besten verwendbar. Für diese Sortimente wird ein höherer Preis bezahlt als für kurze Stücke. Bei Föhre, Eiche, Buche und andern wertvollen Holzarten wird der unterste, wertvollste Abschnitt am besten für sich verkauft.

Die Aufrüstung des Nutzholzes setzt eine genaue Kenntnis der Marktlage und der technischen Eigenschaften der Hölzer voraus und darf nicht den Holzhauern allein überlassen werden. Nicht immer wird z. B. durch das Gesundschneiden ein höherer Preis erzielt, da Flecken und andere Fehlstellen den Wert eines Klotzes unter Umständen weniger beeinträchtigen als eine Kürzung des Stückes.

Im Gebirge wird auch das Nadelholz meist in kurze Abschnitte zerlegt, weil Langholz nicht transportiert werden kann. Der Markt verlangt aber nicht einheitliche Längen, der Bedarf wechselt nach Ort und Zeit und daher ist zu empfehlen, das Holz *vor* dem Zerlegen zu verkaufen und die Zerlegung nach den Weisungen des Käufers vorzunehmen.

Die Vereinheitlichung der Sortierung für Langholz hat in den letzten Jahren in der Schweiz Fortschritte gemacht, indem in der Niederung die in den süddeutschen Nadelholzgebieten verbreitete *Heilbronner Sortierung* eingeführt worden ist (Vgl. S. 14.)

5. Lagerung

Mit Rücksicht auf die Gefahren, denen das im Walde liegende Holz ausgesetzt ist, wäre es wünschenswert, den Abtransport unmittelbar nach der Rüstung vorzunehmen und dem Forstmann die Sorge um die Lagerung abzunehmen. Da aber der Holzschlag sich nur über einen kurzen Teil des Jahres, die Verarbeitung aber über das ganze Jahr erstreckt, da ferner die Fuhrleute und Zugtiere dauernd beschäftigt werden und Stauungen auf den Sägeplätzen vermieden werden sollten, muss das Holz zunächst im Wald oder in dessen Nähe gelagert werden.

Brennholz und Stangen werden heute fast überall für den Verkauf längs der Abfuhrwege aufgeschichtet. Das Bau- und Sagholz dagegen wird vielerorts noch in den Beständen liegengelassen und vom Käufer gerückt und abgeführt.

Im Abschnitt über den Transport wurde schon ausgeführt, dass das Rücken des Stammholzes aus den Schlägen durch den Waldbesitzer und auf dessen Kosten entschieden zu befürworten ist, mit

Schlecht gelagertes Sagholz.

Vorbildliche Stangen- und Stecken-Aufrüstung (Kanton Neuenburg).

Rücksicht auf den Schutz der Bestände und des Jungwuchses gegen Streifschäden. Die rasche Entfernung aus den Schlägen ist aber auch zu empfehlen, weil das in den Beständen liegende Holz leicht Schaden nehmen kann. Um zu verhindern, dass lagerndes Fichten- und Tannenholz von Pilzen und Insekten angegriffen wird, muss es entrindet werden. Damit ist nicht zuzuwarten, bis die Rinde sich leicht vom Holz abheben lässt, sondern sie muss noch während des Winters entfernt werden.

Ein Nachteil des Entrindens besteht darin, dass die Stämme leicht aufreissen, wenn sie an die Sonne zu liegen kommen. Dadurch büssen sie an Festigkeit und Verwendbarkeit ein und ausserdem können dann durch das Regenwasser leicht Sporen von holzzerstörenden Pilzen in das Innere des Stammes geschwemmt werden.

Föhren, Lärchen und Laubhölzer werden in der Regel nicht entrindet.

Beim Rücken des Holzes aus den Schlägen werden gleichartige Stücke zu *Losen* zusammengeschleift und an nicht feuchten, aber auch nicht stark der Sonne ausgesetzten Plätzen gelagert (gepoltert). Die Stämme sollen parallel auf Unterlagen gelegt werden, so dass sie nirgends mit der Erde in Berührung kommen und die Luft überall gut durchstreichen kann. Lagerung im Wasser schützt ebenfalls vor Insekten- und Pilzbefall.

Die Bildung grosser Haufen soll bei wertvolleren Sortimenten vermieden werden. Alle grössern Stämme sind so zu lagern, dass sie gut besichtigt und nachgemessen werden können. Fehler dürfen nicht versteckt werden.

Nicht alle Holzarten sind gleich empfindlich gegen den Befall von Pilzen und Insekten. Im Wald lagernde Buchenstämme werden gewöhnlich schon im ersten Sommer vollkommen weissfaul. Ahorne sind ebenfalls sehr empfindlich und werden nach kurzer Zeit « stockig ». Diese Holzarten sollten daher schon Mitte März abgeführt sein. Nadelhölzer, besonders Kiefern, werden leicht blau (siehe Blaufäule), während Eichen ohne Bedenken mehrere Jahre im Walde liegen bleiben dürfen.

Bei Laubhölzern hat man mit Bestreichen der frischen Schnittflächen der berindeten Stämme mit Kreosot gute Erfahrungen gemacht.

Ueber die Lagerung von Schnittwaren sind ausführliche Auskünfte zu finden im « Handbuch der kaufmännischen Holzverwertung und des Holzhandels », von Dr. *L. Hufnagl,* 9. A. Berlin 1922, S. 274. [1]

---

[1] Vgl. auch Dr.-Ing. *Hans Hufnagl:* Untersuchungen über die Wertsverminderung von Fichtenstammholz durch die Lagerung. « Centralblatt für das gesamte Forstwesen ». 1933. S. 33—53.

Gut gelagertes Bauholz (Zürichberg).

Schlecht gelagerte Buchenbretter, aufgerissen und stark verzogen.

Zerstörung eines im Februar gefällten und im September verarbeiteten Fichtenstammes durch Pilze, infolge schlechter Lagerung des Stammes im Wald.

6. Einfluss der Fällzeit

Der Fällzeit wird seit uralter Zeit ein grosser Einfluss auf die Eigenschaften des Holzes zugeschrieben, insbesondere auf dessen Dauerhaftigkeit, aber auch auf die Festigkeit, die Brennkraft, das Schwinden und die Bearbeitungsfähigkeit. Als die geeignetste Fällzeit wird in unsern Breiten der Spätherbst und Winter, als die ungeeignetste das Frühjahr und in zweiter Linie der Sommer angesehen.

Untersuchungen, die schon früher und in grösserem Umfange in jüngster Zeit durchgeführt worden sind,[1] haben ergeben, dass der Einfluss der Fällzeit in der Praxis insofern überschätzt wird, als die meisten der ungeeigneten Fällzeit zugeschriebenen Nachteile nicht auf einen besondern Zustand des Holzes während bestimmter Monate zurückzuführen sind, sondern vielmehr auf die zu dieser Zeit herrschenden äussern, die Holzbeschaffenheit ungünstig beeinflussenden Umstände, Nachteile, die *bei geeigneter Behandlung des Holzes nach der Fällung* nicht in Erscheinung treten.

Nun sind aber die Bedingungen für eine geeignete Behandlung des Holzes nach der Fällung im Sommer in der Praxis nicht immer vorhanden und ausserdem hat die Sommerfällung verschiedene, nicht bestreitbare Nachteile, die für sich allein schon genügen würden, um der Winterfällung auch fernerhin den Vorzug zu geben. Diese Nachteile liegen in erster Linie in den Gefahren, die die Sommerfällung für den bleibenden Bestand hat. Da sich nämlich die Rinde der Bäume im Frühjahr und Sommer leicht und vollkommen vom Holz ablösen lässt, sind die beim Fällen und Rücken des Holzes im Sommer entstehenden Verletzungen viel grösser als zu andern Jahreszeiten. Ferner sind im Sommer überall holzzerstörende Pilze und Insekten vorhanden, die an den verletzten Stellen in den Stamm eindringen und das Holz in kurzer Zeit zerstören können. Auch die Beschädigungen am Jungwuchs sind im Sommer viel grösser als im Winter. Schliesslich ist das Laubholzreisig im Sommer, wegen des anhaftenden Laubes, nicht verwertbar.

Ueber die Eigenschaften des in verschiedenen Jahreszeiten gefällten Holzes haben die Untersuchungen an Fichte und Tanne folgendes ergeben :

Im *Raumgewicht* des frischen Holzes waren keine deutlichen, jahreszeitlich bedingten Unterschiede zu bemerken, indem der Wassergehalt des Splintes in allen Jahreszeiten sehr hoch (140—170 % des

[1] *H. Knuchel* und *E. Gäumann :* Untersuchungen über den Einfluss der Fällzeit auf die Eigenschaften des Fichten- und Tannenholzes. Beihefte Nrn. 5 und 6 zu den Zeitschriften des Schweizerischen Forstvereins, Bern, 1930.

absoluten Trockengewichtes), derjenige des Kernes sehr niedrig ist (19 %).

In der *Schwindung* waren bei Lagerung des Holzes unter Dach keine Unterschiede zu bemerken.

Aber unter den Verhältnissen, wie sie in der Praxis gewöhnlich vorliegen, hat die Sommerfällung in der Niederung den grossen Nachteil, dass die entrindeten Stämme oberflächlich sehr rasch austrocknen und infolgedessen starke Schwindungsrisse erhalten können, durch welche der Gebrauchswert des Holzes vermindert und das Eindringen holzzerstörender Pilze begünstigt wird. Wenn im Gebirge seit alter Zeit vorwiegend im Sommer gefällt wird, ohne dass darunter die Holzqualität leidet, so ist dies damit zu erklären, dass hier zwischen Fällung und Verwendung gewöhnlich eine viel längere Frist verstreicht als in der Niederung. Die Fällung im *Hoch*sommer hat viel weniger Nachteile als die Fällung im Spätwinter oder Frühjahr. Bis nämlich die Stämme den Trockenheitsgrad erreicht haben, der den holzzerstörenden Pilzen und Insekten am meisten zusagt, ist die grösste Infektionsgefahr vorüber.

Die Winterfällung hat den Vorteil, dass die Austrocknung, selbst bei Lagerung unter Dach, gleichmässig den ganzen Stamm durchdringend verläuft.

Hinsichtlich des *Heizwertes* und der *Bearbeitungsfähigkeit* haben sich keine Unterschiede bei verschiedener Fällzeit ergeben.

Bemerkenswert sind namentlich die Versuchsergebnisse hinsichtlich der *Dauerhaftigkeit* des zu verschiedenen Jahreszeiten gefällten Holzes.

Im Freien gelagerte, berindete Stammabschnitte wurden viel stärker von Pilzen angegriffen, wenn sie von im März bis Juni gefällten Stämmen entnommen wurden, als von solchen aus September- bis Oktoberfällung. Der Vorteil der Herbstfällung wurde jedoch hier aufgehoben durch den starken Insektenbefall (Xyloterus lineatus Oliv.) im folgenden Frühjahr.

Bei Stammabschnitten, die ein Jahr lang entrindet gelagert wurden, war die Vermorschung geringer als bei berindeten Parallelstämmen. Die günstigsten Ergebnisse lieferte wiederum die September- und Oktoberfällung, die ungünstigsten die Mai- bis Julifällung.

Bei frischen, in Wiesland eingegrabenen Balken war die Vermorschung nach zwei Jahren bei Splintstücken aus Sommerfällungen zwei- bis dreimal, bei Kernstücken doppelt so gross wie bei den im Herbst und Winter gefällten Stämmen. Dieser Unterschied wurde gemildert, wenn Balken verwendet wurden, die ein Jahr lang ausgewettert worden waren. Tannenholz erwies sich als widerstandsfähiger wie Fichtenholz.

Bei der Beurteilung dieser praktischen Versuche ist zu berücksichtigen, dass sie eine Resultante aus zwei Komponenten darstellen, 1. aus der ungleichen Pilzwiderstandsfähigkeit des Holzes selbst während verschiedenen Jahreszeiten, und 2. aus der unterschiedlichen klimatischen Begünstigung des Pilzwachtums. Diese beiden Komponenten können sich in ihrer Wirkung addieren oder aufheben.

Durch einjähriges Lagern des Holzes unter Dach wurde die Vermorschbarkeit des Holzes stark verringert und die jahreszeitlichen Unterschiede fast ganz, bei einjährigem Auswettern im Freien ganz aufgehoben, sobald die Versuche nicht mehr im Freien, sondern bei konstanter Temperatur im Laboratorium durchgeführt wurden.

Aus diesen Versuchen geht hervor, dass unsere Vorfahren recht gehabt haben, wenn sie bei ihren Bauten das Holz zuerst einige Jahre lang auswettern liessen, indem sie durch diese Massnahme nicht nur den Schwindungsprozess abgewartet, sondern auch dem Holz eine grössere Reife und damit eine höhere Widerstandsfähigkeit gegen Pilze verschafft haben. Die Volksregel über die Widerstandsfähigkeit des sommer- und wintergefällten Holzes der Fichte und Tanne beruht somit auf richtiger Beobachtung; doch dürfte sich ihr Geltungsbereich vorwiegend auf das waldfeuchte Holz beschränken.

V. Holzfehler als Folge von Beschädigungen durch Tiere und Pflanzen

1. Durch Tiere verursachte Holzfehler

Unter den unzähligen höhern und niedern Tieren, denen der Wald als Wohnstätte dient, gibt es zwar viele, die in jungen Beständen durch Verbeissen, Fegen, Kratzen und Benagen Schaden anrichten, aber nur verhältnismässig wenige, die die Holzsubstanz selber angreifen und dadurch deren technische Verwendbarkeit beeinträchtigen. Nur wenige Arten kommen ferner so häufig vor, dass sie *erheblichen* Schaden anrichten können. Manche davon verdanken übrigens ihre starke Verbreitung der durch den Menschen verursachten Störung des Gleichgewichtszustandes in der Natur. Am geringsten sind die Beschädigungen in gesunden, widerstandsfähigen, mehr oder weniger ungleichalterigen und gut gepflegten Beständen. Aus dieser Tatsache ergibt sich die zweckmässigste Art des Kampfes gegen solche Schädlinge. Ferner sollten die Bäume, deren Verbleiben im Bestand zu weiterer Verbreitung tierischer Feinde Anlass geben kann, frühzeitig entfernt, das geschlagene Holz rasch abgeführt und die Holzabfälle beseitigt werden.

Höhere Tiere

Durch Benagen und Aufreissen der Rinde richtet der *Edelhirsch* in 20—40jährigen Fichtenbeständen, dann auch in jungen Eichen-, Eschen-, Buchen- und Tannen-, weniger in Föhrenbeständen grossen Schaden an, hauptsächlich in zu stark besetzten, einförmig bestockten

Vom Rotwild geschälte Fichte (Erzgebirge).

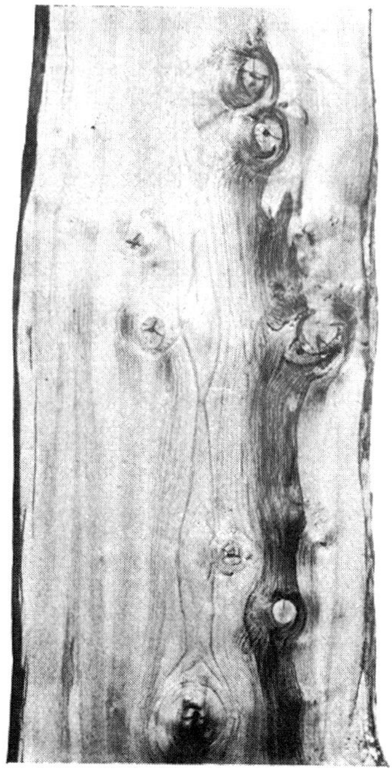

Brett aus einer vom Weidevieh beschädigten Fichte.

Revieren, die mit Zäunen vom freien Feld abgeschlossen sind. Die Rinde wird an einer oder an mehreren Stellen desselben Stammes streifenförmig abgezogen, so dass Fäulnis und wulstige Ueberwallungen entstehen und die Stämme bis auf 2—3 m Höhe nutzholzuntauglich werden. Ein weiterer Schaden besteht in der Erhöhung der Bruchgefahr und in der gesteigerten Empfindlichkeit der Bestände gegen Insektenangriffe.

Sommerschälung ist viel schädlicher als Winterschälung. Das Schälen im Winter besteht mehr nur im Abnagen bzw. Benagen der

Rinde. Die Grösse der Schälstelle schwankt von wenigen Zentimetern bis zu 1,5 m Länge und 20 cm Breite. Sie liegt meist in 0,5 bis 2 m Höhe, am Steilhang höher.

Die Schäden, die vom *Weidvieh* gelegentlich angerichtet werden, sind ähnlicher Art. Rindenverletzungen mit Ueberwallungen verursachen auch verschiedene *Nager,* doch sind alle diese Schäden, im Verhältnis zu den von Menschen angerichteten, ganz unbedeutend.

Erwähnung verdienen hier ferner die *Spechte,* die sich im Walde bemerkbar machen durch das Zimmern von Nisthöhlen und das Schlagen von Löchern, um unter der Rinde und im Holz lebende

Stammquerschnitte aus Fichten, vom Rotwild geschält, teilweise überwallt.

Larven und Käfer zu fangen. Der *Schwarz-* und der *grosse Buntspecht* gehen gelegentlich auch gesunde Fichten und Buchen an.

Die von Spechten befallenen Bäume werden meist aus Gedankenlosigkeit entfernt, obwohl die Nützlichkeit der Spechte und anderer Höhlenbrüter unbestritten ist und die befallenen Bäume nur noch ganz minderwertige Sortimente liefern. In der Regel bearbeiten übrigens die Spechte nur Stämme, die schon irgendwie morsch sind und die, wenn sie nicht in sehr grosser Zahl vorkommen, keine Gefahr für die Gesundheit des Bestandes bilden. Es dürfte sich daher empfehlen, solche Bäume den Spechten zu überlassen.

Eine zweite Art der Verletzung von Stämmen durch Spechte besteht im « Ringeln ». Der grosse Buntspecht und der Schwarzspecht hacken, offenbar um Saft zu lecken, gesunde Stämme verschiedener Holzarten, namentlich aber Föhren an, indem sie in horizontalen Reihen dicht nebeneinanderliegende Löcher in die Rinde schlagen, die bis auf das Kambium reichen. Bei der Föhre entstehen dann durch

Ueberwallung starke, wulstige Verdickungen (Wanzenbäume). Die Ringelung erfolgt nur im Frühjahr an alten und jungen Stämmen, bald tief am Stamm beginnend, bald nur weiter oben. An Querschnitten durch solche Wülste erkennt man, dass der Specht viele Jahre lang immer wieder an die gleichen Stellen zurückkehrt.

Der Schaden, der dadurch angerichtet wird, ist gering.[1]

Tanne mit Bruthöhle des Schwarzspechtes. Das Flugloch wurde durch die Spechtmeise zum Teil wieder zugemauert.

Niedere Tiere

Unter den *Insekten* gibt es eine Anzahl Arten, besonders Käfer und Wespen, die ihr Larvenstadium im Holz zubringen (sogenannte

---

[1] Vgl. *H. Knuchel:* Ueber Spechtringe; «Schweizerische Zeitschrift für Forstwesen», 1931 S. 152; *O. Winkler:* Ebenda, S. 376; *H. Leibundgut:* Ebenda Nr. 5.

Holzwürmer). Das fertige Insekt bohrt sich zur Eiablage in die Rinde oder in den Splint von gefällten oder auch von stehenden, aber meist nicht mehr ganz gesunden Bäumen ein oder es legt die Eier unter Schuppen oder in Ritzen an der Oberfläche der Stämme. Nur wenige Arten sind imstande, ihre Eier mit Hilfe eines Legestachels in den Holzkörper hinein zu versenken. Die ausschlüpfenden Larven fressen bis zu ihrer Verpuppung Gänge, deren Grösse und Form für die betreffende Art meist charakteristisch sind. Durch diese Gänge, sowie durch die Löcher, die einzelne Arten anlegen, um ins Freie zu gelangen, wird die Verwendbarkeit des Holzes beeinträchtigt. Es kann ferner durch diese Löcher Feuchtigkeit in das Innere des Holzes gelangen und dessen Zerstörung verursachen.

Links: Fichtenstamm, vom Schwarzspecht bearbeitet; rechts: Föhre mit sogen. Spechtringen.

Solche Schäden können durch forsttechnische Massnahmen verhütet oder doch stark vermindert werden. In erster Linie soll das Holz im Herbst oder früh im Winter gefällt werden, so dass es bis zur Schwärmzeit der Insekten gut antrocknet. Die Verkäufe sind früh anzusetzen, damit die für die Abfuhr günstige Zeit benützt und das Holz aus dem Walde geschafft werden kann. Bei verspäteter Fällung besitzt das Holz zur Zeit der Eiablage der meisten holzbrütenden Insekten einen den Befall begünstigenden Feuchtigkeitsgrad. Eine zweite, ebenso wichtige Massnahme besteht in der Entrindung des Fichten- und Tannenholzes im Walde vor beginnender Eiablage, das heisst für das schweizerische Mittelland vor Mitte März. Ferner soll das Holz im Walde nie direkt auf den Boden gelagert werden, sondern auf Unterlagen an trockenen, aber nicht von der Sonne beschienenen Stellen. Auf den Holzlagerplätzen sollen keine alten Holzstücke herumliegen.

Der linierte Nadelholzbohrkäfer (Xyloterus lineatus Oliv.)[1]

Dieser 2,8—3 mm lange schwarze Borkenkäfer fliegt im Frühjahr an das im Winter gefällte Stammholz der Fichte, Tanne und Föhre,

Leitergang von Xyloterus lineatus in Fichtenholz mit Larven und fertigen Käfern. Phot. Hadorn.

das weder zu frisch, noch zu trocken sein darf. Er bohrt einen kreisrunden, öfters verzweigten Muttergang von 1,75 mm Weite zunächst senkrecht zur Stammachse, dann seitlich ausbiegend, meist einem Jahrring folgend. Dort nagt der Käfer oben und unten im Gang kleine Gruben, in die er je ein Ei legt. An frisch gefällten, noch berindeten Stämmen, sowie an Stöcken und an noch stehenden Windbruchstumpen findet man die Bohrlöcher oft zu hunderten, kenntlich an den weissen Bohrmehlhäufchen, die aus den Gängen ausgestossen werden.

---

[1] Vgl. *Ch. Hadorn:* Recherches sur la morphologie, les stades évolutifs et l'hivernage du Bostryche liséré (Xyloterus lineatus Oliv.). — Beiheft Nr. 11 zu den Zeitschriften des Schweizerischen Forstvereins. Bern, Buchdruckerei Büchler & Co. Erschienen im Herbst 1933.

Die ausschlüpfenden Larven nagen kurze, zirka ½ cm lange Gänge nach oben und unten, sog. Leitergänge. Der Muttergang und die verlassenen Larvengänge färben sich schwarz und diese Verfärbung ist oft auch in der Umgebung der Gänge zu bemerken, so dass das Holz für feinere Arbeiten nicht mehr zu verwenden ist. Obwohl die Gänge in der Hauptsache nur im Splintteil des Holzes angelegt sind und

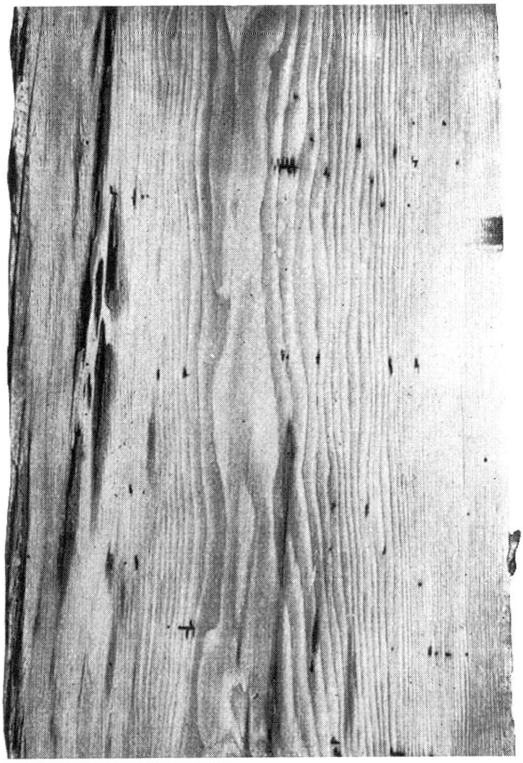

Brett aus einem vom Nadelholzbohrer (Xyloterus lineatus Oliv.) befallenen Tannenstamm.

infolgedessen zum grossen Teil in die Schwarten fallen, ist doch der Schaden, den Xyloterus lineatus infolge seiner grossen Verbreitung alljährlich verursacht, sehr bedeutend.

Um die Stämme vor dem Befall zu schützen, müssen sie *vor Beginn des Käferfluges*, d. h. bei uns meist vor Ende März, entrindet werden. Nur ganz ausnahmsweise werden Stämme erst nach dem Entrinden angebohrt und auch dann nur solche, die an feuchten Stellen liegen. Bei trockener Lagerung und sorgfältigem Abschälen aller

Rindenteile besteht keine Gefahr für das Holz. Wird aber das Entrinden erst durchgeführt, nachdem sich die Käfer eingebohrt haben (z. B. Mitte April), so geht die Bohrtätigkeit auch im entrindeten Stamm weiter.

Der grosse Pappelbock (Saperda carcharias L.)

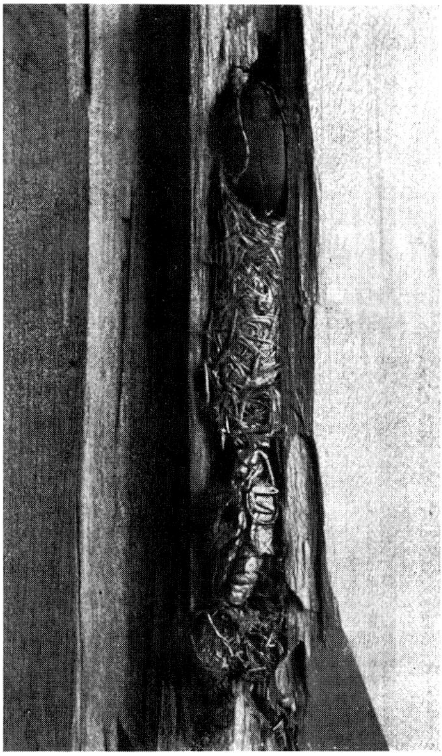

Phot. Dr. A. Barbey.

Der grosse Pappelbock
(Saperda carcharias L.).

Der 22—30 mm lange Käfer ist ledergelb, dicht schwarz punktiert. Die Larve wird bis 38 mm lang und lebt in jungen Pappeln, starken Weiden und Aspen. Zuerst frisst sie unter der Rinde, dringt dann in das Holz ein und bohrt einen nach oben zielenden Gang mit ovalem Querschnitt. Die groben Bohrspäne verstopfen zum Teil die Gänge, zum Teil werden sie ausgestossen und bilden mit dem ausfliessenden Saft zusammen einen weichen Brei. Der Schaden kann sehr bedeutend sein.

Der Schneiderbock (Monochamus sartor F.) und der Schusterbock (M. sutor)

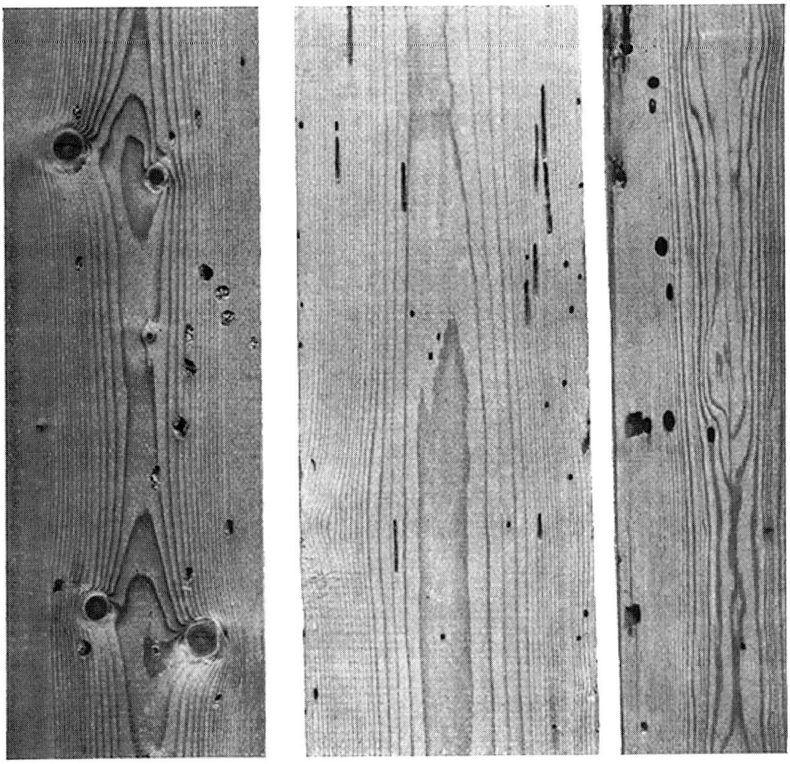

Von Bockkäferlarven beschädigte Fichtenbretter.
Links: Schusterbock (Monochamus sutor F.).
Mitte: Schwarzer Fichtenbock (Tetropium luridum L.).
Rechts: Schneiderbock (Monochamus sartor F.).

Dieser ist 25—32 bzw. 16—24 mm lang. Das Weibchen legt die Eier in die Rinde besonders von Fichten. Die Larve frisst zunächst unter der Rinde unregelmässige Gänge und bohrt sich dann mit grossen, ovalen Gängen tief in den Stamm ein, um sich in einer hakenförmigen Wiege zu verpuppen, nachdem sie noch den Ausgang für den ausschlüpfenden Käfer vorbereitet hat.

Der Fichtenbock (Tetropium luridum L.)

Dieser 10—16 mm lange, braun bis schwarze Bockkäfer befällt vorwiegend Fichten, kommt aber auch in Föhren und Lärchen vor. Er legt seine Eier unter die Schuppen oder in Ritzen starkborkiger Stämme, vorwiegend aber an geschlagenes Holz.

Phot. Dr. A. Barbey.

Vom Hausbock (Hylotrupes bajulus L.) zerstörter Tannenbalken.

Die Larven fressen zunächst flache, geschlängelte Gänge zwischen Rinde und Holz, die immer breiter werden und dann auch in den Splint eindringen. Im Herbst legt die ausgewachsene Larve einen tief in das Holz gehenden, zuerst radial verlaufenden, dann hakenförmig zur Puppenwiege umbiegenden Frasskanal an.

Es gibt noch eine ganze Reihe von Käferarten, die das Holz stehender oder frisch gefällter Bäume angreifen, doch sind sie alle nicht sehr häufig und daher nicht sehr wichtig. Andere schädliche

Arten kommen nur oder vorwiegend nur im verbauten Holze vor. Die von ihnen verursachten Schäden können daher nicht als « Holzfehler » bezeichnet werden. Ihrer grossen wirtschaftlichen Bedeutung wegen, und weil gelegentlich der Versuch gemacht wird, der Forstwirtschaft die Verantwortung für diese Schäden zuzuschieben, erwähnen wir hier zwei davon :

Der Hausbock (Hylotrupes bajulus L.)

Die Larve dieses, etwa 13 mm langen Bockkäfers lebt in Nadelholzstöcken, namentlich aber in Nadelholzbalken. Am häufigsten werden Balken von Dachstühlen und Dachlatten, und zwar gewöhnlich einige Jahre nach dem Einbau, angegriffen. An den befallenen Hölzern ist äusserlich, mit Ausnahme von ovalen Ausfluglöchern, nichts zu bemerken, während das Holz im Innern, bis etwa 1 mm unter die Oberfläche, vollständig zernagt sein kann. Der Schaden ist oft sehr bedeutend, indem die Balken und Latten ihre Tragfähigkeit verlieren und ausgewechselt werden müssen. Weniger stark befallene Balken können mit der Axt gesund gehauen werden.

Durch einen in alle Ritzen und Ecken reichenden Anstrich mit heissem Teeröl oder Karbolineum, der nach vier Wochen wiederholt werden muss, kann weiterer Schaden verhütet werden.

Der Pochkäfer (kleiner Holzwurm) (Anobium)

Dieser, den Borkenkäfern ähnliche, kleine Schädling befällt alte Möbel, Türverkleidungen, Wände, Fussböden, erst lange nach dem Verbau. Aeusserlich sind viele kleine, schrotschussartige Löcher zu bemerken, aus denen ein feines, weisses Bohrmehl ausgestossen wird. Die Zerstörungen an Möbeln und in Sammlungen sind oft sehr bedeutend. Vorbeugend wirkt die Verwendung von nur gut ausgetrocknetem, splintfreiem Holz. Bereits befallenes Holz wird wiederholt mit Petrol getränkt.

Unter den *Schmetterlingen* gibt es nur eine Art, die das Holz angreift und von grösserer Bedeutung ist :

Der grosse Weidenbohrer
(Cossus cossus L. = C. ligniperda F.)

Der 95 mm spannende plumpe Falter legt im Juni oder Juli seine Eier mit Vorliebe an eine Wundstelle von Weide, Pappel, Obstbaum, Ulme, Erle, Eiche und andern Laubhölzern. Die Raupe plätzt anfänglich grosse, unregelmässige Hohlräume unter der Rinde und durchwühlt später das Holz unregelmässig in ovalen, zuletzt fingerdicken Gängen. Nach zweimaliger Ueberwinterung verpuppt sich die bis

80 mm lange, rote Raupe zwischen Nagespänen im Frassbaum oder auch im Boden. In einem Stamm können 200 und mehr Raupen leben.

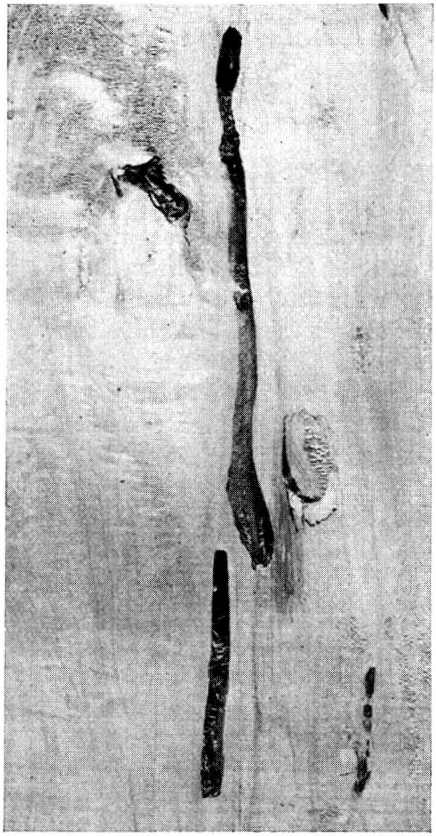

Kistenbrett aus einem vom grossen Weidenbohrer (Cossus cossus L. = Cossus ligniperda F.) angegangenen Pappelstamm.

Die gelbe Fichtenholzwespe (Sirex gigas L.)

Das Männchen dieses hornissenähnlichen Holzschädlings aus der Gruppe der Hautflügler wird bis 32, das Weibchen mit dem Legestachel bis 45 mm lang. Kopf und Brust sind schwarz, der Hinterleib rotgelb.

Das Weibchen legt im Juni bis September seine Eier einzeln tief durch die Rinde in nicht angefaultes Holz kränkelnder oder gefällter Nadelhölzer. Besonders gern angegangen wird Windbruchholz. Auch entrindetes, aber noch saftiges Holz wird belegt. Die weisse Larve nagt einen zylindrischen Gang, den sie hinter sich fest mit Bohr-

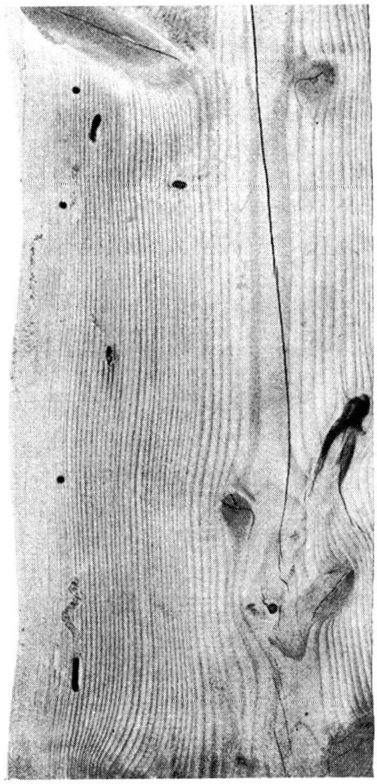

Abb. links: Die gelbe Fichtenholzwespe (Sirex gigas L.).
Abb. rechts: Brett aus einem von der grossen Fichtenholzwespe angegangenen Stamm. Die Larve braucht zu ihrer Entwicklung 2—3 Jahre.

mehl zustopft, wendet sich zunächst dem Mark zu, kehrt später im Bogen um, um sich nahe der Oberfläche zu verpuppen. Zu dieser Arbeit braucht das Insekt mindestens zwei Jahre, oft aber auch viel länger. Dieser Umstand kann Veranlassung zu Beunruhigung und selbst zu Prozessen geben, wenn nämlich die Larven vom Wald auf das Lager und von hier in einen Neubau verschleppt werden, wo sie sich dann nach Jahren aus Wänden und Blindböden, durch Parkett, Linoleum und Teppiche hindurchnagen und im Zimmer herumschwärmen.

Mit dem Ausfliegen des Insektes ist die Schädigung des Holzes beendet. Die Frasskanäle sind übrigens nicht so zahlreich und dicht, dass von einer wesentlichen Beeinträchtigung des Holzwertes gesprochen werden kann. Grösserer Schaden kann aber dann entstehen, wenn durch die Fluglöcher Feuchtigkeit ins Innere des Holzes dringt und dort Fäulnis verursacht. Die Löcher müssen in solchen Fällen mit Kitt oder Holzpfropfen verstopft werden. Ein weiterer Befall trockenen Holzes durch Eierablage der Holzwespe kommt nicht in Frage.

Da der Larvengang erst in etwa 2 cm Tiefe beginnt, wird er vom Zimmermann nicht immer beachtet. In den meisten Fällen und bei einiger Achtsamkeit erkennt man jedoch das befallene Holz an den Larvengängen, die beim Behauen angeschnitten werden.

Holz, das schon längere Zeit im Walde liegt und namentlich solches, das Löcher von 5—7 mm Durchmesser aufweist, sollte im Hausbau nicht verwendet werden.

2. Durch Pflanzen verursachte Holzfehler

Da das Wachstum der Bäume in hohem Masse von der Ernährung und namentlich vom Lichtgenuss abhängt, kann jeder Entzug von Nährstoffen und Licht durch Nachbarstämme, durch die lebende Bodendecke und durch Organismen, die auf den Bäumen selbst leben, die Jahrringbreite, das Verhältnis von Früh- und Spätholz und damit die Holzqualität beeinflussen. Es können ferner Schlinggewächse und wuchernde Kletterpflanzen Abweichungen vom normalen Faserverlauf hervorrufen. Am verbreitetsten sind jedoch die Fehler, die durch Organismen hervorgerufen werden, die von der Holzsubstanz selbst oder von Zellinhaltsstoffen leben.

Von diesen hat unter den höhern Pflanzen nur die *Mistel* grössere forstliche Bedeutung. Viel wichtiger, weil allgemein verbreitet, sind die auf oder im Holz lebenden *Pilze,* die dasselbe verfärben, zersetzen und sogar vollständig zerstören können. Wir müssen uns indessen hier auf die Erwähnung einiger wenigen, besonders wichtigen Arten und auf die Wiedergabe typischer Zerstörungsbilder beschränken, da verschiedene durch Pilze verursachte Erkrankungen die gleichen Ursachen haben, ähnliche Zerstörungsbilder hervorrufen und auf gleiche Weise bekämpft werden.

a) Die Mistel (Viscum album L.)

Dieses Schmarotzergewächs bewohnt fast alle Laub- und Nadelholzarten, besonders die Weisstanne, Föhre, Pappelarten und Obstbäume. Sie kann am Boden nicht gedeihen, sondern lebt als Busch auf Aesten, seltener am Stamm. Die Verbreitung erfolgt durch Vögel, besonders durch Drosseln, welche die weissen bis gelben, klebrigen Beeren gerne annehmen.

Die Wurzel des keimenden Samens dringt bis zum Holzkörper des Astes oder Stammes vor, ohne in diesen hineinzuwachsen und verlängert sich nach aussen, in dem Masse wie sie vom wachsenden Holzkörper umschlossen wird. An dem in der Rinde gelegenen Teil

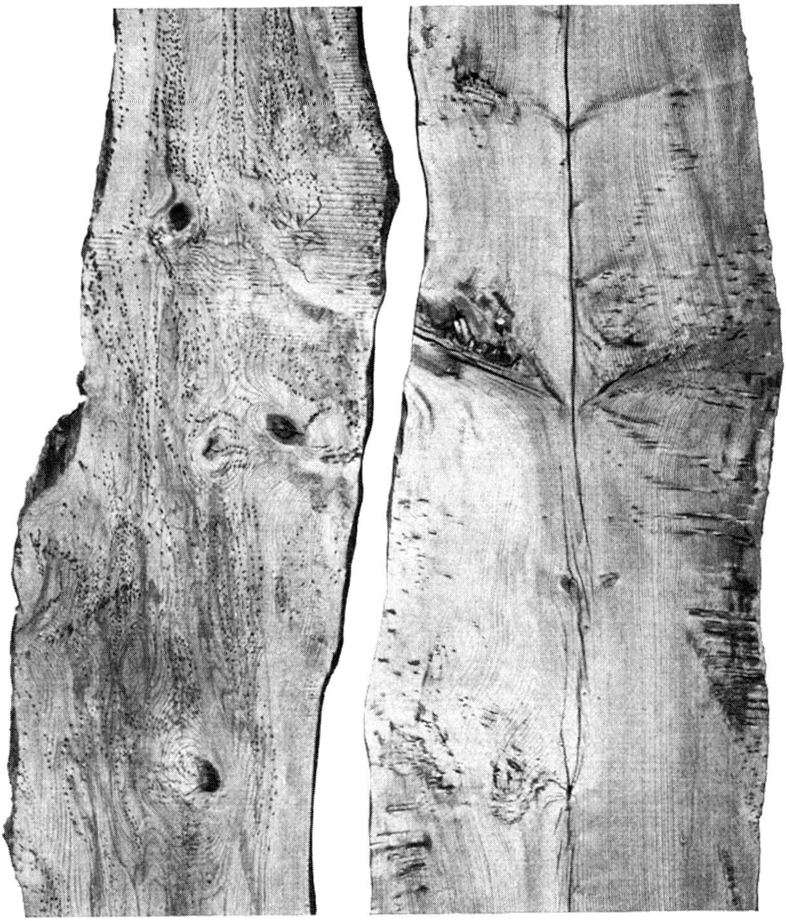

Bretter aus einer von der Mistel stark befallenen Weisstanne.

der Wurzel entstehen Seitenwurzeln, von denen aus « Senker » wiederum bis auf den Holzkörper eindringen. Durch Ausschlag aus Wurzeln abgestorbener Mistelpflanzen vergrössert sich die Kolonie und kann an ältern Tannen Bestände von 1—2 m Länge bilden. Der von der Mistel befallene Baumteil schwillt an der Stelle, wo der Schmarotzer sitzt, stark an.

Der Schaden ist geringfügig, wenn die Mistel nur auf Aesten sitzt. Aber sehr häufig, besonders bei der Tanne, sitzen die Misteln auf dem Stamm und durchlöchern den ganzen Holzkörper, so dass das Holz für Nutzzwecke nicht mehr verwendet werden kann. Viele Bäume werden zum Absterben gebracht. In manchen Gegenden, so zum Beispiel längs des Jurafusses von Solothurn bis an den Genfersee, ist die Mistel von der Misteldrossel auf beinahe alle Weisstannen verschleppt worden; der dadurch angerichtete Schaden ist sehr bedeutend.

Pilze

Obwohl die Widerstandsfähigkeit der Bäume gegen die Angriffe der Pilze, ausser in den untersten und obersten Altersstufen, ziemlich gross ist, sind Pilzerkrankungen an lebenden Bäumen und an gefälltem Holz doch sehr häufig. Besonders auf Standorten, die einer Holzart nicht zusagen, und in unnatürlich zusammengesetzten Beständen können Pilzkrankheiten sich leicht seuchenartig ausbreiten.

Am meisten gefährdet sind reine Nadelholzbestände, besonders gleichalterige Pflanzbestände, während in Laubwaldungen und auch in gemischten, namentlich in ungleichalterigen Beständen viel seltener Krankheiten auftreten. Gefährdete Bestände können durch aufmerksame Pflege, besonders durch fortwährende Begünstigung der kräftigeren Individuen und durch Ausmerzung aller Schwächlinge, vor grösserem Schaden bewahrt werden.

Nach biologischen Gesichtspunkten können zwei grosse Pilzgruppen unterschieden werden, solche, die den lebenden Baum befallen (Parasiten) und solche, die nur an totem Holz vorkommen (Saprophyten). Aber diese Unterscheidung lässt sich nicht streng durchführen, indem manche saprophytischen Pilze von abgestorbenen Holzteilen auf noch lebendes Holz übergehen können (Halbparasiten und Schwächeparasiten).

Die *Parasiten* entziehen der Wirtpflanze Nährstoffe und verursachen Störungen im Wachstum, die allerhand pathologische Veränderungen und sogar den Tod des betreffenden Pflanzenteiles oder der ganzen Pflanze zur Folge haben können. Die meisten dieser Erkrankungen sind schleichender Natur, können aber eine sehr grosse Ausbreitung erlangen und bedeutende Schäden verursachen, sei es durch Dezimierung der Bestände, sei es durch Entwertung des Holzes, wie dies beispielsweise beim Hallimasch, beim Rotfäulepilz und beim Blasenrost der Weymouthskiefer der Fall ist.

Die *Saprophyten* sind weniger forstlich, als vielmehr technologisch wichtig, weil sie gelagertes oder verbautes Holz angreifen, entwerten und sogar vollkommen zerstören können.

Als *Wundparasiten,* die nicht epidemieartig, sondern nur da und dort an verletzten Stämmen auftreten, sind eine ganze Reihe von Pilzen der Polyporus-Gruppe an Nadel- und Laubholz bekannt. Sie verursachen die als *Weiss- und Braunfäulen* bezeichneten Zersetzungen.

Jedes Holz, auch das härteste Kernholz, erliegt schliesslich den Angriffen der Fadenpilze, die das Holzgerüst nach allen Seiten durchwachsen und zerstören, indem sie sich davon ernähren. Nur die am höchsten organisierten Pilze, die Basidiomyceten sind dazu imstande, während allerdings auch Pilze anderer Gruppen auf dem Holz vorkommen und Schäden verursachen können.

Die Verbreitung der Pilzkrankheiten erfolgt auf verschiedene Weise. Die Fortpflanzungszellen der Pilze sind die *Sporen*, die an den Fruchtkörpern in ungeheurer Menge erzeugt und durch Luftströmungen fortgetragen werden. Irgendwo abgelagerte Sporen können auch von Menschen, Tieren oder von fliesendem Wasser abgestreift und übertragen werden. Treffen Pilzsporen auf ein geeignetes Substrat, so keimen sie. Aber auch durch Wachstum von Baum zu Baum oder von Haus zu Haus können Pilze verbreitet werden, und nicht selten findet Verschleppung durch erkrankte Holzstücke statt.

Wir haben uns hier nur mit den Pilzen zu befassen, die an lebenden Bäumen vorkommen und die Güte des Holzes beeinträchtigen, sowie mit solchen, die das Holz während der Lagerung und auf dem Transport angreifen, nicht aber mit solchen, die nur auf verbautem Holz vorkommen, also, um die Einteilung von *Falck* zu gebrauchen, nur mit den *Stammfäulen* und den *Lagerfäulen*, nicht aber mit den *Hausfäulen* im engern Sinn.

Die Pilze dieser beiden Gruppen brauchen zum Wachstum sowohl Wasser, als auch Luft, und gedeihen am besten auf Holz, das mit feuchter Erde in Berührung kommt, oder auf lufttrockenem Holz in feuchtigkeitsgesättigter Luft.

Einige Pilzarten vermögen vollkommen gesundes Holz anzugreifen, andere gedeihen nur auf erkranktem. Man unterscheidet demnach *primäre* und *sekundäre* Fäulen.

Nach *Falck* haben wir ferner zwei grundsätzlich verschiedene Arten der Holzzerstörung durch Pilze zu unterscheiden : *Destruktionsfäulen* und *Korrosionsfäulen.*

Bei den Destruktionsfäulen bleibt die Struktur des Zellgerüstes zunächst intakt. Aeusserlich sind am Holz Schwindungsrisse, sowohl in der Längsrichtung, als auch in der Richtung der Jahrringe und radial zu bemerken, so dass das Holz in würfelförmige Stücke zerfällt. Dann verkürzen sich die Zellwände und zermürben, das Holz wird brüchig wie Holzkohle und färbt sich dunkel. Diese Art der Fäule wird durch die meisten holzzerstörenden Pilze hervorgerufen, namentlich durch Merulius, Polyporus vaporarius und Lenzitesarten.

Bei den Korrosionsfäulen dagegen werden die Zellmembranen vollständig aufgelöst, es bilden sich Löcher, das Holz zerfällt und es bleibt oft ein wabenartig ausgefressenes Holzgerüst übrig. Zum Unter-

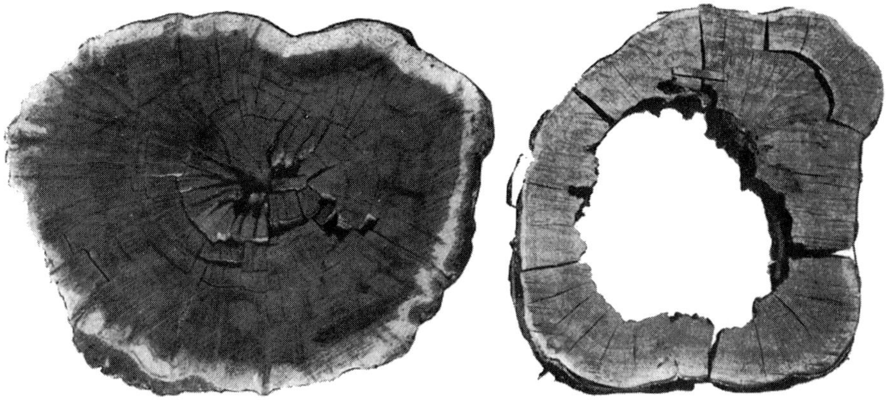

Destruktionsfäule an Eichen. Sie verursacht die Schälrissigkeit. Mit fortschreitender Zerstörung entsteht eine Höhle, die sich vergrössert, bis der Stamm nur noch auf den Jahrringen des Splintes steht.

schied von den Destruktionsfäulen wird hier die Holzsubstanz nicht gleichmässig zerstört, sondern es werden zunächst die inkrustierenden Substanzen abgebaut, so dass reine Zellulose übrig bleibt.

Korrosionsfäule an Eichenholz. Zunächst werden die inkrustierenden Substanzen und dann erst die Zellwände aufgelöst.

Lebende Bäume werden von holzzerstörenden Pilzen vom Boden oder von Verletzungen am Stamm, namentlich von Aststummeln aus angegriffen. Dabei erweist sich die Markpartie als eine sehr schwache Stelle, längs welcher der Pilz rasch vordringen kann. Findet der Pilz im Stamminnern günstige Bedingungen für seine Entwicklung, so schreitet die Zersetzung des Holzes vom Mark aus gegen die Peripherie vorwärts, wobei sehr verschiedenartige Zerstörungsbilder auftreten können.

Bei den Reif- und Splintholzarten der Laubhölzer entsteht in der Regel zuerst ein *Graukern*, der nichts anderes ist als ein beginnender *Faulkern*. Wenn das Holz feine Kernrisse aufweist, nimmt er sternförmige Gestalt an, indem der Pilz sich in der Umgebung der Risse rascher entwickeln kann als in den zwischenliegenden Holzteilen. Später bildet sich im Mark eine Höhle, die sich allmählich vergrössert, bis nur noch ein schmaler Splintring übrig bleibt.

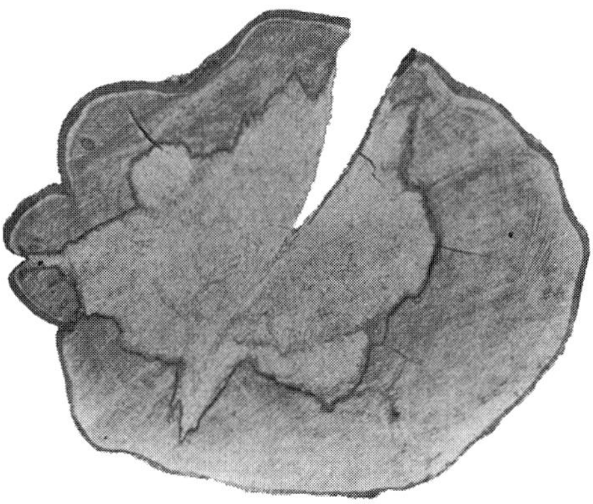
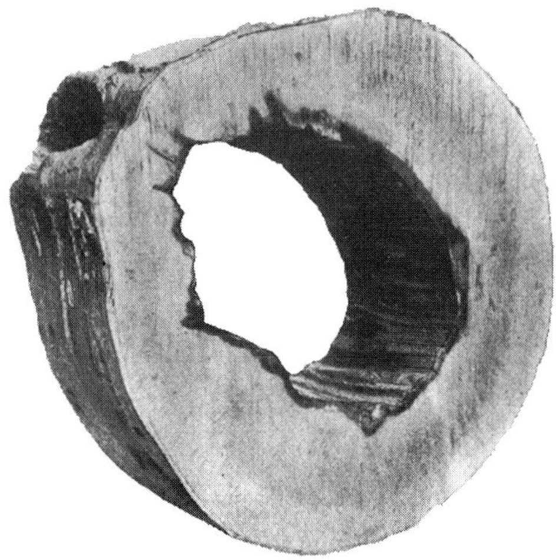

Links: Grauer Kern einer Buche. Der Stamm wehrt sich gegen das Weitergreifen des rasch wachsenden Pilzes durch Bildung einer Schutzholzzone, die als dunkle Linie zu erkennen ist.

Rechts: Der Pilz hat den Buchenstamm vollkommen ausgehöhlt.

Manche Laubhölzer schützen sich gegen das Vordringen des Pilzes durch Bildung einer Schutzholzzone. (Vgl. Abschnitt « Falschkernbildung.) Geht die Entwicklung eines Graukernes langsam vor sich, so kann er durch einen Schutzholzring eingeschlossen werden.

Bei den Nadelhölzern unterscheidet der Holzfachmann zwischen *nasser* und *trockener* Fäule. Die nasse Fäule wird besonders durch den Rotfäulepilz hervorgerufen. (Vgl. S. 108.) Als Trockenfäulen werden alle Verfärbungen und Zersetzungen bezeichnet, bei denen das Holz trocken bleibt. Sie können durch sehr verschiedene Pilze verursacht werden.

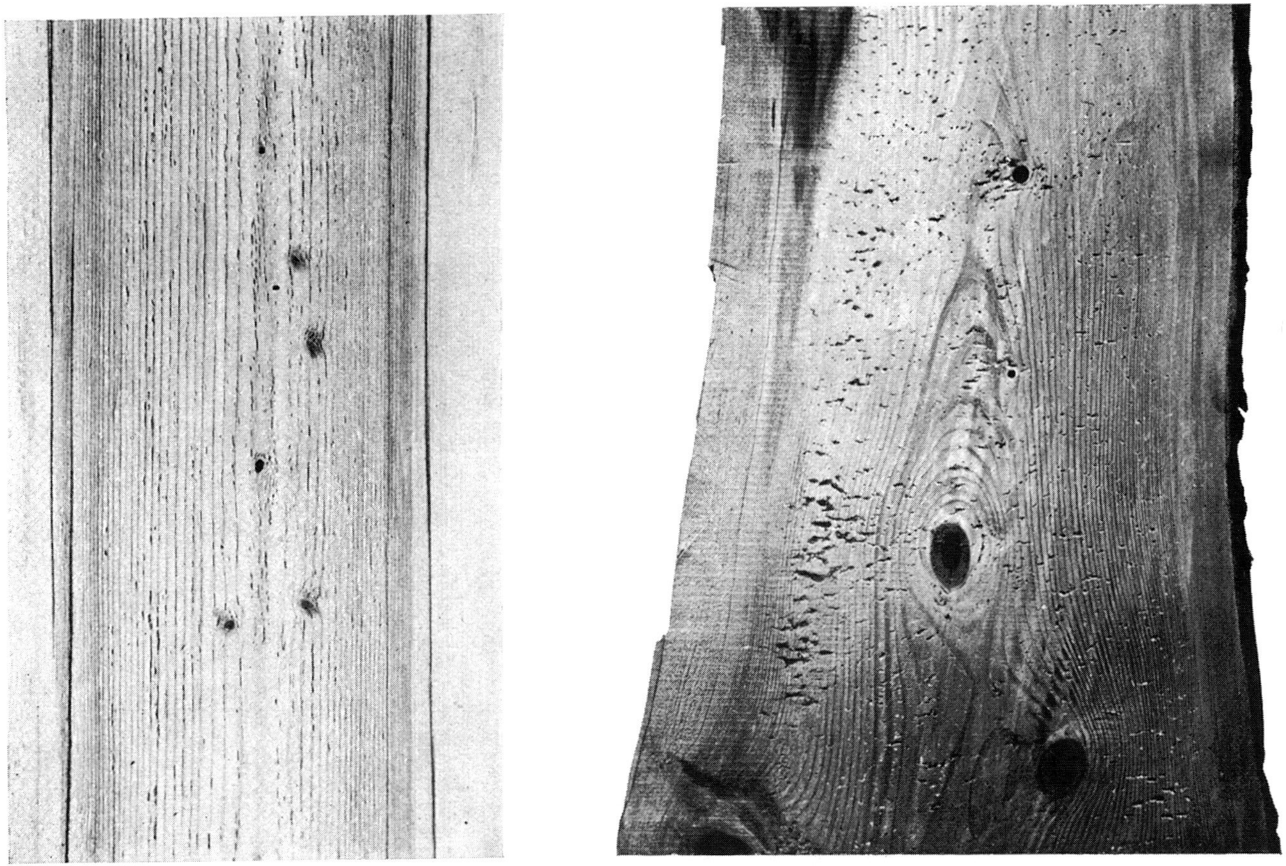

Verschiedenartige, durch Pilze hervorgerufene Zersetzungserscheinungen (Trockenfäulen) an Fichten.

Manche Pilze rufen Wucherungen (Krebse) an den befallenen Bäumen hervor, und andere bringen die Bäume zum Absterben, ohne das Holz anzugreifen, oder sie verursachen Verfärbungen, durch welche die Festigkeit zunächst nicht beeinträchtigt wird.

Erkrankung des Holzes am stehenden Baum

Der Krebs der Weisstanne
(Pucciniastrum caryophyllacearum [DC] Fischer)

Der Krebs oder Kropf der Weisstanne wird hervorgerufen durch einen Pilz (Pucciniastrum caryophyllacearum [DC] Fischer), dessen

Krebs mitten am Stamm einer grossen Weisstanne, den Nutzwert des Stammes stark beeinträchtigend.

Mycel in das Rinden- und Bastgewebe und selbst in den Holzkörper lebender Bäume eindringt. Findet die Infektion am Stamm oder an einem Ast, an einer Stelle statt, wo keine entwicklungsfähigen Knospen vorkommen, so entsteht daselbst eine, oft den ganzen Stamm umfassende, beulenartige Anschwellung, Kropf oder Krebs genannt, die den Stamm auf eine Länge von etwa einem Meter entwertet. Das Rinden- und Bastgewebe vertrocknet und wird rissig, so dass auch andere holzzerstörende Pilze eindringen können. An der kranken Stelle verliert der Stamm seine Festigkeit und wird leicht vom Sturm oder Schnee gebrochen. Krebse kommen sowohl an jungen, als auch an alten Bäumen in jeder Höhe am Stamm (Schaftkrebse) und auch an Aesten vor (Astkrebse). Die Astkrebse werden jedoch in der Regel nicht mehr als faustgross.

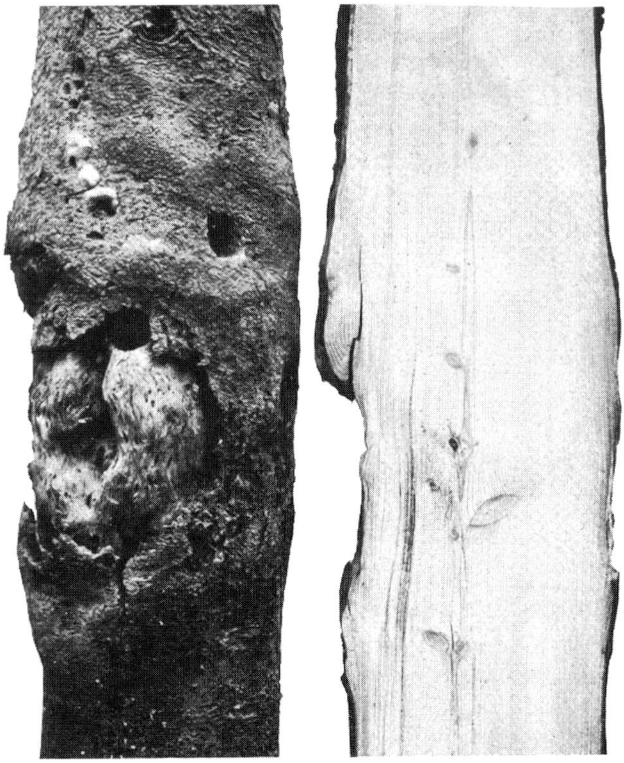

Der Krebs der Weisstanne.

Findet die Infektion an einer Knospe statt, so entsteht der sogenannte *Hexenbesen,* eine dichte, buschige Verzweigung, mit kleinen, dicken, ringsum stehenden Nadeln, an denen neue Pilzsporen gebildet werden. Die Verbreitung der Krebse und Hexenbesen geht indessen nicht von hier aus vor sich, sondern der Pilz verlebt, wie Professor *E. Fischer* in Bern nachgewiesen hat, ein Zwischenstadium auf krautartigen Pflanzen, insbesondere auf Stellaria-Arten, von wo aus wieder die Tanne befallen wird.[1]

---

[1] Vgl. « Schweizerische Zeitschrift für Forstwesen », 1901, S. 192.

Der Krebs ist in allen Weisstannenwaldungen sehr verbreitet, und der Schaden, der durch diese Krankheit angerichtet wird, ist mitunter sehr bedeutend. Die Krebse müssen herausgeschnitten werden, wodurch vermehrte Rüstkosten entstehen, während die Stämme selbst durch das Zerlegen in Abschnitte entwertet werden. Ausserdem wird die Sturm-, Schnee- und Rauhreifbruchgefahr erhöht.

Die Bekämpfung erfolgt durch fortgesetzten Aushieb aller mit Schaftkrebsen behafteten Stämme, schon von den ersten Durchforstungen an.

Der Lärchenkrebs (Peziza Willkommii R. Htg.)

Wie der Tannenkrebs, so wird auch der Lärchenkrebs durch einen Pilz hervorgerufen (Peziza Willkommii R. Htg.). Dieser kommt im ganzen Verbreitungsgebiet der Lärche vor, befällt sie aber vorwiegend in feuchten, dumpfen Lagen, wo sie nicht hingehört. Sehr gefährdet sind ferner 10—40jährige Lärchenpflanzungen und namentlich zu dichte Saaten, wie überhaupt dichter Bestandesschluss die Krankheit sehr begünstigt.

Der Schaden besteht in Zuwachs- und Qualitätsverlust. Die direkte Bekämpfung geschieht durch den Aushieb der erkrankten Stämme. Aber wichtiger ist die Vorbeugung, die in der sorgfältigen Berücksichtigung der Standortsansprüche der Lärche und in der Vermeidung zu dichten Anbaues liegt. Am besten gedeiht die Lärche auf frischen, lockeren Böden, zwischen Laubholz einzeln eingesprengt, wo sie Licht und Luft genug geniesst und einen Vorsprung vor den andern Holzarten des Bestandes hat.

Kiefernrinden-Blasenrost (Peridermium Pini Willd.)

Die durch die Aecidienform dieses Pilzes verursachte Krankheit heisst *Kienzopf*, Kiefernkrebs. Man erkennt die Krankheit äusserlich an unregelmässig-länglichen, etwas zusammengedrückten, bis 15 mm langen Blasen, welche anfangs leuchtend orangerot sind, später verblassen und schliesslich schmutzigweiss aussehen. Sie sitzen Mitte Mai bis Juli an den Zweigen, brechen namentlich an den Quirlstellen, zuweilen aber auch am Schaft hervor und platzen meist Mitte Juni auf. Die Infektion erfolgt an jungen, noch benadelten Trieben. Liegt die Stelle nahe am Hauptstamm, so kann das Mycel in den Stamm eindringen, wo dann räudige Erkrankungsstellen entstehen. Im Gewebe wird viel Harz angereichert, das Holz verkient, wodurch die Wasserleitung erschwert wird. In der Folge wird die Wundstelle immer grösser, es tritt Harz aus, das sich schwarz färbt. Der Blasenrost ist daher immer an schwarzen Harzkrusten zu erkennen. Der Stamm wächst nun auf der entgegengesetzten Seite stärker und verliert die zylindrische Form. Verläuft die Infektionsstelle ringsum, so stirbt der darüber liegende Teil an schwachen Aesten ab. Es kann viele Jahre gehen, bis der Gipfel und die starken Aeste absterben (Kienzopf). Das Uebel wird durch trockene, heisse Sommer begünstigt. Der Zwischenwirt ist nicht bekannt. Die Uebertragung kann auch von Stamm zu Stamm erfolgen, ohne Zwischenwirt.

Die Rotfäule der Nadelhölzer[1]

An der Fichte, dann aber auch an der Weisstanne, der Föhre und Weymouthsföhre, tritt, oft schon in 5—10jährigen Kulturen, am häufigsten aber in 40—60jährigen Fichtenpflanzungen eine gefürchtete Krankheit, die *Rotfäule,* auf. Sie verursacht das Absterben vieler Bäume und zerstört die untersten, wertvollsten Teile der Stämme. In der Nähe einer getöteten Pflanze sterben bald darauf andere Bäume ab, und es können in wenigen Jahren im Bestande grosse Lücken entstehen.

Nach neuen Untersuchungen von *Falck,* Hann.-Münden, an der Fichte handelt es sich bei dieser Krankheit meist um das Ineinandergreifen zweier Pilze, indem die Fäulnis des Wurzelstockes vorzugsweise bedingt oder mitbedingt ist durch den *Hallimasch,* Agaricus melleus, während die Fäule des Stammes ausschliesslich hervorgerufen wird durch Polyporus annosus Fries = Trametes radiciperda Hartig.

Der Hallimasch oder Honigpilz (Agaricus melleus Vahl)

Dieser Pilz ist einer der verbreitetsten und gefährlichsten. Er kommt an sämtlichen Nadelhölzern vor, besonders an Fichte, Kiefer, Weymouthskiefer, sowie auch auf Laubhölzern als Parasit, ferner überall auf totem Holz als Saprophyt.

Die Krankheit tritt oft schon an 3—5jährigen Pflanzen auf, tötet aber auch 100jährige Fichten, Kiefern usw. Der Pilz ist zu erkennen an dem schneeweissen, derben Mycel, das nach Entfernung der Rinde am Wurzelstock zum Vorschein kommt und bis 3 m unter der Rinde in lebenden Bäumen emporsteigt. An den Wurzeln sieht man schwarzbraune, glänzende, hier und da sich verästelnde Stränge von 1—2 mm Durchmesser. Die weissen Pilzfäden unter der Rinde gehen leicht in die schwarze Strangform über, wenn der Baum tot ist und zwischen Rinde und Holz Platz zur Entwicklung dieser Stränge enstanden ist.

Die Verbreitung erfolgt unterirdisch durch das Mycel von Stamm zu Stamm, sowie auch durch Sporen, die sich an den braunen Hutpilzen bilden. Man findet sie in grosser Menge im Herbst an den Wurzel-

---

[1] Vgl. Prof. Dr. Richard *Falck:* «Neue Mitteilungen über die Rotfäule». Hann.-Münden, Hannover, 1930.

stöcken getöteter Bäume. Starker Harzausfluss zwischen Rinde und Holz ist charakteristisch für die Krankheit.

Aus Markstrahlzellen und Harzkanälen verbreitet sich das Pilzgewebe auch in den Holzkörper und erzeugt dort eine Art Weissfäule.

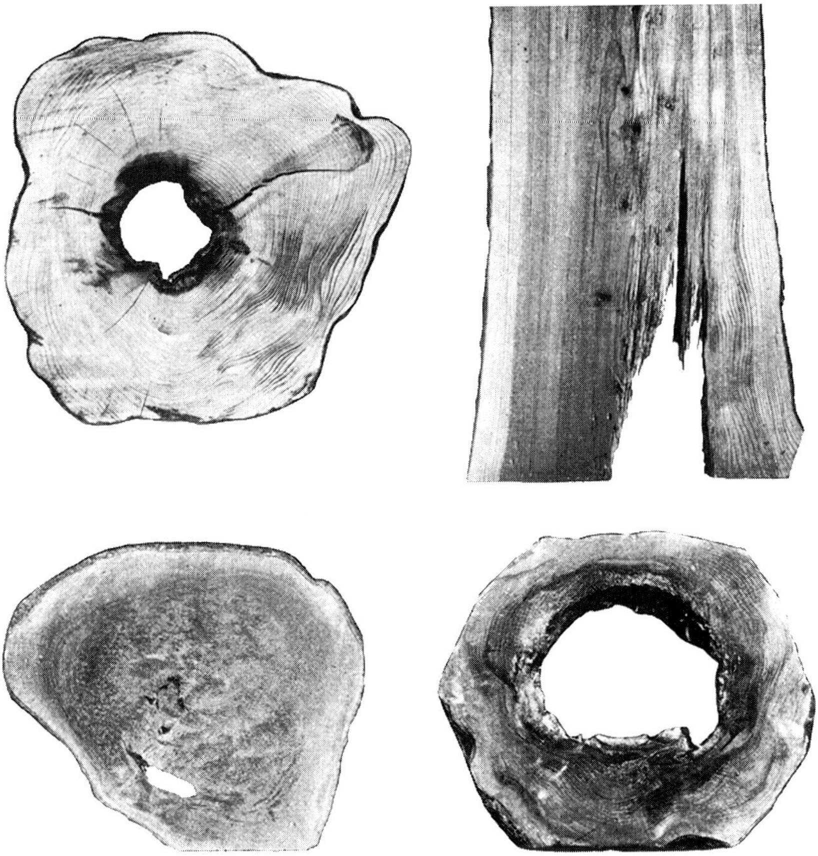

Verschiedene Stadien der Rotfäule an Fichten.

In dichten Jungwüchsen sterben ganze Gruppen ab, in ältern Beständen gehen die Bäume einzeln zugrunde.

Der Rotfäulepilz, Wurzelschwamm, Stockfäulepilz (Polyporus annosus Fr.) = Trametes radiciperda R. Htg.

Dieser Pilz geht von den Wurzeln aus und kann dann mit grosser Geschwindigkeit den Stamm hinaufwachsen. Nur bei der Kiefer bleibt die Erkrankung, infolge rascher Verharzung des Holzes auf den untersten Stammteil beschränkt. Das Holz wird zuerst violett verfärbt, wobei es allmählich leichter und schwammiger wird. Dann entstehen zahlreiche Löcher, das Gewebe zerfasert, wird wasserreich und hellbraungelb.

Die von diesem Pilz befallenen Stämme sind häufig am Grunde tonnenartig verdickt und geben beim Anschlagen einen hohlen Klang.

Die wirksamste Bekämpfung der Rotfäule besteht in der Erziehung von Beständen aus Holzarten, die dem Standort angepasst sind. Reine Bestände, namentlich reine Fichtenbestände auf den schweren Böden der tiefern Lagen, sind am meisten gefährdet. Bei starkem Auftreten der Rotfäule empfiehlt es sich, sie oft und kräftig zu durchforsten und schon im Stangenholzalter mit Laubholz oder Tannengruppen zu unterpflanzen. Die herrschenden Bäume eines von Rotfäule angesteckten Bestandes bleiben meist gesund, wenn sie bei den Durchforstungen durch Freihieb im Wachstum gefördert werden.

Ungleichaltrige Bestände sind weniger gefährdet als gleichaltrige. Wenn die jungen Bäume unter dem Schutz der alten erwachsen, bilden sie im Kern ein engringiges, gegen Pilzinfektion widerstandsfähiges Holz aus.

Der Kiefernbaumschwamm (Trametes pini Fr.)

Dieser Parasit ist in den Kiefernbeständen Norddeutschlands sehr verbreitet, in Süddeutschland und in der Schweiz tritt er mehr an Fichten auf. Er erzeugt die sogenannte *Ringschäle* oder *Kernschäle,* die fast immer von den Kronen der Bäume ausgeht. Jüngere Bäume werden nicht befallen. Die Krankheit ist um so häufiger, je älter die Bestände sind.

Den Verlust durch Baumschwamm schätzte *Möller* für Preussen auf jährlich mehrere Millionen Mark.

Die Bekämpfung erfolgt durch frühzeitige Entfernung aller befallenen Stämme. Das Wegschlagen von Pilzkonsolen hat dagegen keinen Wert. Baumrassen, die ihre Aststummeln lange behalten, sind besonders gefährdet.

Rebhuhnholz
Stereum frustulosum Fr. = Telephora perdix R. Hartig

Dieser Pilz erzeugt an *Eiche* eine charakteristische Zersetzung. In dem tief rotbraun gefärbten, kranken Holze treten bienenzellenartige, mit weisslicher Masse (Zellulose) ausgefüllte Höhlungen auf. Später erscheinen diese Höhlungen graugelb und mit Mycel gefüllt. Die Fruchtträger sind braungelb und besitzen die Gestalt von Krusten, an vertikalen Flächen diejenige kleiner Konsolen.

Stereum hirsutum Fr. erzeugt an Eiche schneeweisse oder gelbliche Längsstreifen, die braun eingefasst sind *(Fliegenholz* oder ***weisspfeiliges** Eichenholz).* Oft wird das Holz in eine gelbe Masse verwandelt. Der Pilz kommt an Stöcken, aber namentlich auch an verletzten Stellen alter Eichen häufig vor.

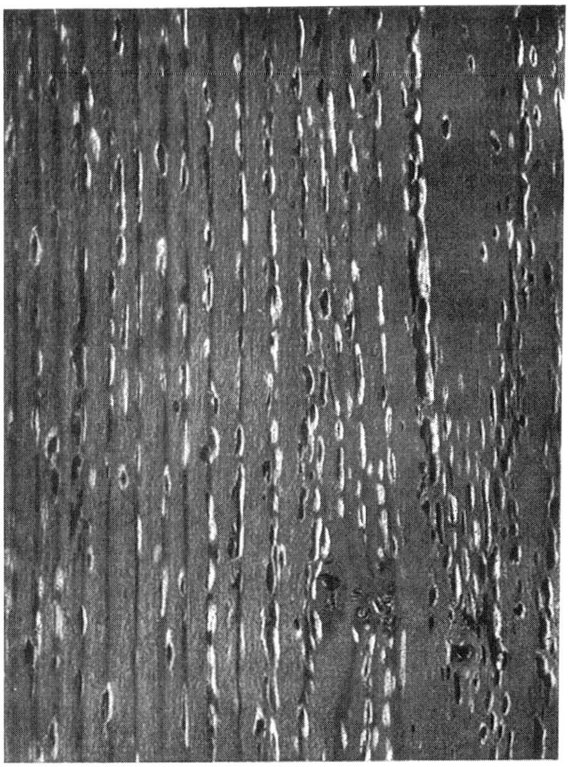

Durch einen Pilz zersetztes Eichenholz (sog. Rebhuhnholz).

Erkrankung des gefällten Holzes

Einige Pilze befallen das Holz besonders während der Lagerzeit und verursachen eine innere, trockenfäuleartige Zersetzung. Am wichtigsten sind für uns die Pilze der *Lenzitesgruppe* und die *Blaufäulepilze,* weil sie das Holz zwischen Fällung und Verbau befallen und zum Teil entwerten.

Fichten- und Tannenholz kann von der Mantelfläche aus auf der ganzen Länge des Stammes *rot-* oder *braunstreifig* werden, wenn entrindete Stämme schlecht gelagert sind oder wieder ins Wasser verbracht werden. Dauert die ungünstige Lagerung längere Zeit, so geht die Streifigkeit in Fäulnis über, die zunächst den Splint zerstört.

Schwarze Streifen kommen bei Fichten und Tannen vor, die längere Zeit in der Rinde feucht gelegen haben. Diese Verfärbung rührt, wie auch die *Blaustreifigkeit* des Föhrenholzes, vom Befall durch Pilze der Ceratostomellagruppe her.

Die Lenzitesarten

Die Verbreitung erfolgt durch Sporen in der Zeit zwischen Fällung und Verbau; gestapeltes Bauholz weist die günstigsten Lebensbedingungen für diese Pilzgruppe auf, deren langgestreckte, leistenförmige Fruchtkörper an Zaunholz und herumliegenden Holzstücken aus den Schwindungsrissen hervorquellen. Zunächst treten allerdings nur rötlichbraune Längsstreifen in einem zentralen Holzzylinder auf, während das äussere Holz gesund bleibt. Später treten Längsrisse auf, in deren Umgebung das Holz stark verfärbt ist. Dann bilden sich Schwundspalten radial und in der Richtung der Jahrringe, bis endlich das Holz faserlos, muschelig bricht und sich zwischen den Fingern zu Pulver zerreiben lässt. Aehnliche Zerstörungsbilder werden allerdings auch von andern Pilzen hervorgerufen.

Das Blauwerden der Nadelhölzer

Blaustreifigkeit und Verblauen tritt besonders bei Föhren, weniger bei Fichten, Tannen und andern Nadelhölzern auf. Die Verfärbung erstreckt sich nur auf den Splint und wird hervorgerufen durch Pilze der Askomycetengruppe, besonders durch Vertreter der Art Ceratostomella. Die Verbreitung der Sporen erfolgt an stehenden, absterbenden oder frisch gefällten Stämmen durch Insekten, namentlich durch Borkenkäfer, welche die Stämme im Walde befallen. An absterbenden und an berindeten gefällten Stämmen kann man häufig beobachten, dass die Bläue von den Bohrgängen dieser Insekten ausgeht. Sie besteht zuerst in Streifen und Bändern, greift dann aber auf den ganzen Splint über, während der Kern nicht angegriffen wird. Die Blaufäulepilzfäden durchwachsen die nährstoffreichen Zellen des Holzes, deren Inhalt sie bräunen und aufzehren, ohne das Zellgerüst selber zu zerstören.

Eine Beeinträchtigung der technischen Eigenschaften des Holzes findet durch das Verblauen, abgesehen von der unerwünschten Verfärbung nicht statt. Die Blaufärbung ist lediglich ein Schönheitsfehler und für Holz, das mit Oelfarbe gestrichen wird, belanglos. Die Beanstandung verblauten Holzes durch die Bauleute in dem Masse, wie das in neuerer Zeit geschieht, ist daher nicht gerechtfertigt.

Links: Rot- und blaustreifiges Brett (Folge schlechter Lagerung).

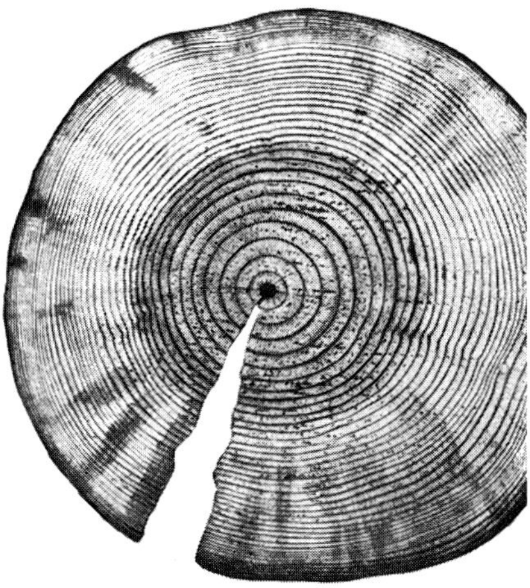

Stammscheibe von einem blaustreifigen Föhrenstamm. Die dunkeln Streifen im Splint sind die vom Blaufäulepilz befallenen Stellen.

Bei der Verwendung von blaustreifigem Holz ohne Anstrich im Freien, ist allerdings Vorsicht am Platz, indem nach Beobachtungen von *Falck* solches Holz für den Befall durch andere Krankheitserreger disponiert zu sein scheint.

Ganz nasses und ganz trockenes Holz ist nicht gefährdet, auch wird frisches, gut zugedecktes Holz auf Stapeln nicht angegangen, dagegen verblaut es sehr leicht bei mittlerem Feuchtigkeitsgrad und bei ungenügender Durchlüftung der Stapel. An geschälten Stämmen zeigen sich die ersten Spuren der Verblauung an freigelegten Splintstreifen, während das Holz unter dem Bast längere Zeit weiss bleibt.

VI. Schlussbemerkungen

Das Holz ist und bleibt einer der edelsten und begehrtesten Rohstoffe der Erde. Als Erzeugnis unserer Wälder, die den dritten Teil der produktiven Landesfläche bedecken, ist es unser bodenständigster Bau- und Werkstoff.

Die Bewirtschaftung der Wälder verschafft den Bewohnern des Landes Schutz und Wohlstand. An der Gewinnung, dem Transport und der Verarbeitung von drei Millionen Festmetern Holz, die alljährlich im schweizerischen Wald gerüstet werden, sind weite Bevölkerungskreise direkt und indirekt beteiligt. Der Land- und Alpwirt findet im Walde mit seinen Knechten und Gespannen im Winter lohnende Beschäftigung. In 20.000 Holzverarbeitungsbetrieben aller Art finden 80.000 Personen ihr Auskommen.

Jedes Brett aus einheimischem Holz, das wir verwenden, jedes Holzscheit, das im Ofen prasselt, schafft Arbeit und Verdienst, und je mehr Holz verbraucht wird, desto besser können unsere Wälder durch Wege aufgeschlossen, können bisher unabträgliche Waldgebiete bewirtschaftet werden.

Die Verwendbarkeit des Holzes hängt in hohem Masse von seinen technischen Eigenschaften ab, und diese werden stark beeinflusst durch die Eingriffe des Wirtschafters in das Bestandesleben. Eine der wichtigsten und dankbarsten Aufgaben des Forstmannes besteht in der fortwährenden Verbesserung der Qualität der Bestände. Die Massnahmen, die zur Erzeugung grösstmöglicher Mengen fehlerfreien Holzes getroffen werden können, liegen beinahe auf allen Gebieten der forstlichen Tätigkeit, besonders aber auf dem Gebiete des Waldbaus, der Forstbenutzung, des Forstschutzes und der Verwaltung. Die Erfolge, die erzielt werden können, hangen von vielen Umständen, namentlich aber von der Eignung der Forstbeamten und Waldarbeiter für ihren Dienst, von ihren Kenntnissen, ihrer Energie und Gewissenhaftigkeit ab.

Die Kunst der zweckmässigen *Behandlung der Bestände* kann nur bis zu einem gewissen Grade erlernt werden. Es gibt Forstleute mit sehr feinen Fingerspitzen, andere sind roh in ihren Zugriffen. Beim einen bietet der Bestand schon unmittelbar nach dem Hieb des angezeichneten Holzes einen erfreulichen Anblick, beim andern dauert es Jahre, bis er sich von den Schlägen erholt hat. Tatsächlich bedeutet jeder starke Eingriff in das Bestandesleben einen Verlust an Holzqualität und gewöhnlich auch an Zuwachs.

Bei *Bestandesbegründungen,* sei es durch Saat, Pflanzung oder Naturverjüngung, müssen die Ergebnisse wissenschaftlicher Versuche und praktischer Erfahrungen hinsichtlich des Einflusses der Samenherkunft noch ernsthafter berücksichtigt werden als bisher. Es sollte nicht mehr vorkommen, dass schlechte oder dem Standort nicht angepasste Rassen angebaut oder natürlich verjüngt werden.

Die *Jungwuchspflege* steckt bei uns noch in den Anfängen. Was hier versäumt wird, kann später nie mehr ganz nachgeholt werden. Auf mangelnde Jungwuchspflege ist die schlechte Beschaffenheit so vieler Bestände, der oft erschreckende Prozentsatz von fehlerhaften Stämmen zurückzuführen. Hier ist der Punkt, bei dem mit der Ausbildung des untern Forstpersonals eingesetzt werden muss. Die Jungwuchspflege wird zukünftig eine der wichtigsten Aufgaben der Unterförster sein.

Bei den *Durchforstungen und Lichtungen* ist das Hauptgewicht auf die gute Besetzung aller Flächen mit wertvollen Bäumen und auf die allseitig gleichmässige Entwicklung der Kronen dieser Stämme zu legen. Als Hauptbäume sind Vertreter aller Altersstufen, aber nur solche ohne Verletzungen und Narben, mit geradem und geradfaserigem Stamm und nicht zu tiefer Beastung auszuwählen.

Je besser der Standort ist, um so stärkere Stämme wird man im allgemeinen erziehen können. Nur von den untern Abschnitten starker Bäume erhält man eine gute Ausbeute an fehlerfreien Brettern. Bei der Fichte, Buche und Esche sind in der Regel Stämme mit 40—60 cm, bei der Föhre und Tanne solche mit 50—70 cm, bei der Eiche noch grössere Brusthöhendurchmesser anzustreben. Durch das Mass und den Rhythmus der Eingriffe wird die Erzeugung wertvollen Holzes in allen Waldteilen angeregt und gelenkt, durch periodische Messungen des Holzvorrates der Erfolg der getroffenen Massnahmen überprüft.

Bei der *Ernte* und *Lagerung* des Holzes sind die auf Seite 59 bis 78 besprochenen Regeln zu beachten. Die ruhige Abwicklung der Ernte hängt in erster Linie von der Art der Vorbereitung, also vom Betriebsleiter ab. Wichtig ist vor allem, dass mit den Schlägen früh im Herbst begonnen werden kann. Nur so wird es möglich sein, zum Rücken und Abtransport des Holzes den günstigsten Zeitpunkt auszuwählen. Bei verspäteter Inangriffnahme der Arbeiten wird der Verkauf, das Rücken und die Abfuhr verzögert, woraus Verluste durch Wegabnützung, Beschädigungen am Bestand und durch Pilz- und Insektenangriffe am geschlagenen Holz entstehen können.

Auch nach der Abfuhr soll sich der Forstbeamte um die von ihm gelieferten Produkte kümmern, wenigstens dann, wenn die Verarbeitung in der gleichen Gegend erfolgt. Er lernt dabei die Vorzüge, Fehler und Mängel der in seinen Wäldern wachsenden Hölzer und die Anforderungen des Marktes kennen. Die Holzkäufer befinden sich in keiner beneidenswerten Lage. Sie müssen ihren Bedarf an Rundholz zu einer Zeit decken und grosse Summen in ihren Lagern anlegen, in der noch niemand weiss, wie sich der Absatz gestalten wird. Die Aussicht auf eine lohnende Abwicklung der Geschäfte steigt mit der Qualität des Holzes. Die Förderung der Qualitätszucht liegt daher nicht nur im Interesse der Waldbesitzer, sondern auch in dem der Holzkäufer bis hinunter zum letzten Verbraucher.

Aus den Reinerträgen der Forstwirtschaft konnten bisher alljährlich bedeutende Aufwendungen für eine bessere Erschliessung der Wälder, für Vorratserhöhungen und für Waldverbesserungen aller Art gemacht werden, die zum grössten Teil erst spätern Generationen nützen werden. Ausserdem gestatteten die Erträge, den öffentlichen Kassen sehr bedeutende Summen an Steuern und Ueberschüssen abzuliefern und vielerorts auch Forstreservefonds zu speisen. Ein annähernd gleich hoher Betrag floss alljährlich in Form von Arbeits- und Fuhrlöhnen der in der Umgebung der Wälder wohnenden Bevölkerung zu. Nun sind infolge des Sinkens der Holzpreise die Reinerträge bedeutend zurückgegangen, und es besteht die Gefahr, dass viele Forstbetriebe, wie im benachbarten Ausland, zu Verlustwirtschaften heruntersinken werden. Durch solche Rückschläge würden hunderte von Gemeinden, deren Finanzhaushalt in der Hauptsache auf den Einnahmen aus ihren Wäldern beruht, in die grösste Verlegenheit geraten. Bis jetzt konnte dank der Tätigkeit der forstlichen Vereinigungen und der von den Behörden zum Schutze der Forstwirtschaft rechtzeitig ergriffenen Massnahmen eine Katastrophe verhütet werden. Aber es ist nicht wahrscheinlich, dass nach Ueberwindung der Krise das Verhältnis der Einnahmen zu den Ausgaben wieder den früheren Stand erreichen wird. Die Forstwirtschaft möchte sich auch nicht dauernd auf staatliche Schutzmassnahmen verlassen, sondern sie wünscht, bald wieder vollständig auf eigenen Füssen zu stehen und den freien Wettbewerb mit ausländischem Holz aufnehmen zu können. Sie hofft, dieses Ziel aus eigener Kraft, einerseits durch Einführung besserer Werkzeuge und einer noch bessern Arbeits- und Absatzorganisation, und anderseits durch die Hebung der Qualität ihrer Produkte zu erreichen.

Aber die Entwicklung der Wälder geht langsam vor sich. Man darf daher nicht erwarten, dass in unsern Wäldern von jetzt an nur noch schönes, gerades und astfreies Holz wachsen wird oder dass wir zukünftig nur noch erstklassiges Holz ernten und das schlechte stehen lassen werden. Die Bäume, die wir heute ernten, sind das Produkt von Massnahmen, die vor vielen Jahrzehnten getroffen wurden, und die Aufwendungen, die wir heute für Kulturen und Bestandesverbesserungen machen, kommen zum Teil erst spätern Generationen zugute. Wenn erstklassiges Holz aus fremden Erdteilen bei uns billiger angeboten wird als weniger gutes einheimisches, so hängt das mit der Raubwirtschaft zusammen, die in den meisten Waldgebieten der Erde heute noch getrieben wird. Kein Mensch wird sich indessen der Einsicht verschliessen, dass für unser Land nur auf lange Sicht eingestellte, intensive Forstwirtschaft, nicht Exploitation in Frage kommt, und deshalb möchten wir den eidgenössischen, kantonalen und kommunalen Stellen, sowie den privaten Architekten und Bauherren, welche Bauarbeiten zu vergeben haben, auch bei dieser Gelegenheit wieder ans Herz legen, nicht übertriebene Ansprüche an die Qualität der Hölzer, namentlich an die Astreinheit, zu stellen, da wo dies nicht unbedingt nötig ist.

Auch die LIGNUM ist sich bewusst, dass manches ihrer Ziele nur allmählich, durch jahrzehntelange Arbeit zu erreichen ist. Sie möchte nicht augenblicklich unerfüllbare Versprechungen zu Reklamezwecken verwenden. Wie Herr Kantonsforstinspektor *B. Bavier* in Chur, der rührige Geschäftsleiter der LIGNUM, im ersten Jahresbericht dieser Organisation geschrieben hat, soll die Propaganda für das Holz *wahr* und *sachlich* sein.

Fordern Sie bitte unser kostenloses Gesamtverzeichnis an! Es lohnt sich!

EDITION libri rari

im Verlag Th. Schäfer

Postfach 54 69
30054 Hannover
Telefon (05 11) 99 0 99-77
Telefax (05 11) 99 0 99-99

Friedrich Ostendorf

Die Geschichte des Dachwerks

erläutert an einer großen Anzahl mustergültiger Konstruktionen – Auf Anregung des bekannten Baugeschichtlers Prof. Karl Schäfer gab 1908 Friedrich Ostendorf dieses umfassende Buch über die Entwicklung der Dachkonstruktionen im Europa von vorchristlicher Zeit bis zum Ausgang des 19. Jahrhunderts heraus. Zum ersten Mal wurden hier die Konstruktionsarten im Zusammenhang betrachtet und beschrieben.

280 Seiten, 22 × 33 cm, 360 Abbildungen
fester Einband mit Goldprägung
Best.-Nr. 1014 · ISBN 3-88746-022-7

Otto Warth

Die Konstruktionen in Holz (1900)

Diese Baukonstruktionslehre von Dr. Otto Warth hat seinerzeit mehrere Auflagen erlebt und galt ebenfalls als wichtiges Standardwerk. Eine erfreuliche Ausnahme unter den häufig trockenen Fachpublikationen mit 825 ausgezeichneten Holzschnittillustrationen im Text und 124 lithographierten Bildtafeln, auf denen unzählige Einzeldarstellungen zu sehen sind. Fachleute äußern sich begeistert über dieses Werk.

508 Seiten, 17,5 × 24 cm, 124 Tafeln, 825 Abbildungen
mehrfarbig bedruckter, fester Einband, Goldprägung
Best.-Nr. 1013 · ISBN 3-88746-019-7

Hans Issel

Der Holzbau (1900)

Issels „Holzbau" – heißt es im Kommentar von Manfred Gerner – „ist auch heute noch das, was er zur Zeit, als er geschrieben wurde, sein sollte: ein umfassendes Kompendium der Konstruktion und Architektur des Fachwerk-, Block-, Ständer- und Stabbaus". In diesem Buch überwiegt der Praxisbezug, d. h. die genaue Darstellung konstruktiver Details und der Holzverbindungen. Ein Buch mit hohem Gebrauchswert für jeden Praktiker.

224 Seiten, 17,5 × 24 cm, 12 Tafeln, 400 Abbildungen
fester Einband mit Goldprägung
Best.-Nr. 1020 · ISBN 3-88746-086-3